PROTECTORES INVISIBLES

C. W. LEADBEATER

editorial Sirio, s.a.

Título original: INVISIBLE HELPERS
Traducción: Federico Climent Terrer
Diseño de portada: Rafael Soria

© de la presente edición
    EDITORIAL SIRIO, S.A.   Ed. Sirio Argentina
    C/ Panaderos, 9   C/ Castillo, 540
    29005-Málaga   1414-Buenos Aires (Argentina)
    E-Mail: edsirio@vnet.es

I.S.B.N.: 84-7808-354-5
Depósito Legal: B-42.047-2000

Impreso en los talleres gráficos de Romanya/Valls
Verdaguer 1, 08786-Capellades (Barcelona)

Printed in Spain

Un libro excepcional

Durante la guerra civil española, un obús explotó en el interior de la biblioteca del Ateneo Teosófico de Madrid, situado en aquel entonces en la calle del Factor, número 7. El Ateneo había sido fundado por uno de los sabios más notables que ha dado España, don Mario Roso de Luna, que sufrió en su propia persona, y como consecuencia en su familia, la misma violencia que destruyó una de sus más queridas obras. Pero algunos libros lograron salvarse de la destrucción, entre los cuales estaba un ejemplar de la obra que hoy tenemos la fortuna de volver a editar. Quizá los mismos Protectores Invisibles de los cuales nos habla Leadbeater cuidaron de que nos fuera conservado este maravilloso libro para que hoy, pasado ya casi un *siglo desde que fue escrito, pudiéramos seguir aprovechando sus experiencias y enseñanzas.*

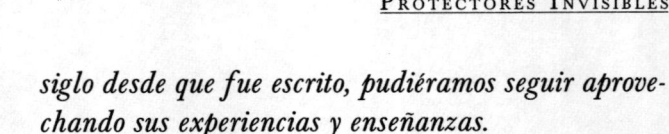

La edición en que nos hemos basado es del año 1912, traducida por Federico Climent Terrer. El tiempo transcurrido desde entonces ha hecho necesaria una profunda revisión del texto para adecuarlo a un lenguaje más moderno, respetando escrupulosamente el sentido original expresado por el autor.

Agradecemos muy especialmente a la Sociedad Teosófica de Madrid —rama «Hesperia»— y a su presidente, don Eugenio V. Olivares Sánchez, su colaboración al proporcionarnos esta obra y su constante apoyo a nuestro trabajo por difundir el pensamiento teosófico a los lectores de hoy. Junto a Roso de Luna, estos hombres lucharon por la verdad en momentos muy difíciles; algunos murieron por defender sus ideas, otros padecieron persecución y cárcel. Pero gracias a la espiritualidad y al esfuerzo de estos hombres se ha podido salvar un importante legado de sabiduría, de la que desgraciadamente tan necesitada está nuestra cultura actual.

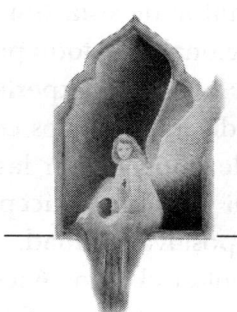

Prólogo del Traductor

sta nueva edición de la hermosa obra de Leadbeater puede considerarse más bien como un nuevo trabajo del insigne clarividente, pues aparte de las correcciones con que se ha mejorado el texto publicado hace treinta años, se le han añadido interesantísimos casos que no podrán menos que satisfacer a los aficionados a toda índole de auténticas y sanas manifestaciones psíquicas.

Sin embargo, los relatos de por sí son lo de menos en cuanto a la importancia y valía de esta obra, cuya utilidad didáctica consiste en las consideraciones que con irrebatible argumentación y diáfana claridad hace el autor sobre lo referente al problema escatológico del hombre, que la malicia aliada con la incomprensión han pretendido resolver de una manera tan simplista e irracional que no satisface ni aun a las más embrionarias mentalidades.

En cambio, el autor de esta obra da una explicación lógica, racional y de todo punto satisfactoria, fundada en la propia experiencia mil veces repetida y por diversos medios comprobada, de suerte que de nada sirven las especulaciones metafísicas ni los falsos conceptos teológicos en contra de la positiva realidad.

Además, acrecientan el valor ético de este libro los dos últimos capítulos de *Protectores Invisibles*, en los que el autor traza magistralmente las etapas del sendero de perfección y describe las cualidades que en cada una de ellas ha de ir desarrollando el hombre para llegar a la meta de su perfeccionamiento en el presente ciclo de evolución.

Se han añadido a modo de complemento los dos tratados menores que llevan respectivamente los títulos de *Los Ángeles custodios* y *En el crepúsculo*, tal como se incluyeron en las anteriores ediciones españolas, con ligeros retoques de corrección y enmienda.

FEDERICO CLIMENT TERRER

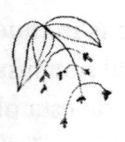

UNIVERSAL CREENCIA EN ELLOS

Capítulo Uno

Una de las más hermosas características de la Teosofía es la de representar a las gentes las verdades, para ellas realmente provechosas y consoladoras, de las religiones en cuyo seno crecieron y se educaron de un modo más racional. Muchos de los que rompieron la crisálida de la fe ciega, y en alas de la razón y de la intuición se remontaron al más elevado nivel de nobilísima y libérrima vida intelectual, echaron de ver, sin embargo, en el proceso de este glorioso progreso, que al renunciar a las creencias de su infancia perdieron la poesía y el encanto de la vida.

No obstante, si su conducta en el pasado fue suficientemente buena para aprovechar a través de ella la oportunidad de recibir la benéfica influencia de la Teosofía, muy pronto se percatarán de que no lo perdieron todo, sino que aun ganaron en exceso; que la gloria y la belleza y la poesía resplandecen allí con mayor intensidad de lo que hubiesen podido esperar en un principio; y no ya como placentero sueño del que en cualquier momento les despierta bruscamente la fría luz de los sentidos orgánicos, sino como verdades de naturaleza investigable, que cuanto mejor comprendidas llegarán a ser más robustas, perfectas y evidentes.

Notable ejemplo de esta beneficiosa acción de la Teosofía es la manera en que el mundo invisible (que antes de anegarnos la ola enorme del materialismo fue considerado como fuente de todo auxilio humano) ha sido restituido por ella a la vida moderna.

La Teosofía demuestra que no son simples supersticiones sin significado alguno, sino hechos naturales con fundamento científico, las creencias, fábulas y tradiciones populares referentes a los trasgos, duendes, gnomos, hadas y espíritus del aire, del agua, de los bosques, montañas y cavernas.

A la eterna pregunta de si el hombre vive después de muerto, responde la Teosofía con científica exactitud, y sus enseñanzas acerca de la naturaleza y condiciones de la vida de ultratumba irradian efluvios de luz sobre muchos problemas metafísicos que, por lo menos para el mundo occidental, estaban a priori sumidos en impenetrables tinieblas.

Nunca estará de más repetir que, en cuanto a estas enseñanzas relativas a la inmortalidad del alma y a la vida

Universal Creencia en Ellos

futura, la Teosofía se coloca en posiciones totalmente distintas de las que ocupan las religiones confesionales, pues no fundamenta estas profundas verdades en la única autoridad de antiquísimas Escrituras o Libros Sagrados, sino que prescindiendo de opiniones ultrapiadosas y especulaciones metafísicas, se atiene a hechos positivos y reales y tan a nuestro alcance como el aire que respiramos o las casas en que vivimos; hechos que muchos de nosotros experimentamos constantemente y que son la cotidiana ocupación de algunos de nuestros estudiantes.

El autor de este libro expone lo que le es familiar desde hace más de cuarenta años y para él mucho más real e importante que las cosas del plano físico. Supongo que la mayor parte de mis lectores tienen ya el concepto general teosófico del mundo de ultratumba, que no está muy lejano ni es intrínsecamente diferente del terrestre, sino por el contrario su continuación, una vida sin el impedimento del cuerpo físico, y que para los intelectuales y artistas es infinitamente superior a la terrena, aunque a veces les parezca monótona a quienes no están desarrollados intelectual, artística ni espiritualmente.

En la vida de ultratumba, lo mismo que en la terrena, hay muchos necesitados de auxilio, y debemos estar dispuestos a procurar prestárselo de la manera que podamos, pues abundante es la tarea por hacer y diversos los medios de realizarla.

La idea de prestar auxilio en el mundo de ultratumba no es peculiar de los teósofos, pero hasta que la Sociedad

Teosófica la expuso no se llevó a la práctica científica y definidamente, aunque no todos los protectores son miembros de dicha Sociedad. Los muertos han ayudado siempre a los muertos y a veces intentaron consolar a los vivos; pero me parece que hasta la divulgación de las enseñanzas teosóficas, pocos vivos actuaron de una manera directa en el mundo astral.

Sin embargo, gran número de vivos han actuado indirectamente con sus oraciones por los muertos; y aunque este esfuerzo suele ser algo vago, porque la mayoría de quienes lo hacen no conocen las verdaderas circunstancias de la otra vida, no son estériles las oraciones de los católicos romanos por la salvación de quienes murieron en la fe y el temor hacia Dios.

La oración no es necesaria en el sentido en que los orantes se figuran ni tampoco hay necesidad de decirle a Dios lo que nos gustaría que hiciese, pero no por ello deja de producir su efecto la oración, porque equivale a un copioso flujo de energía derramada en los planos superiores, un potente esfuerzo mental y emocional, y en un mundo gobernado por leyes no puede haber esfuerzo sin resultado, ya que la acción y la reacción están inextricablemente entretejidas, y cualquier esfuerzo, sea físico, emocional o mental, debe producir algo de la índole de un efecto o reacción, de suerte que indudablemente las oraciones por los muertos han de producir efecto en ellos, pues vierten un copioso flujo de energía espiritual y benefician y ayudan en su evolución al difunto. Por lo tanto, aun sin conocer la posibilidad de actuar directamente en los planos superiores, siempre han influido los vivos en los difuntos.

Quizás alguien pregunte por qué si la Gran Fraternidad Blanca de los Adeptos existía antes de la divulgación de las enseñanzas teosóficas, no prestaron dicho auxilio los Maestros o sus discípulos.

A esto respondemos que es necesario comprender que los Maestros o Adeptos están ocupados en tareas de mucha mayor importancia. Nuestras ideas respecto de la importancia de las cosas son enteramente desproporcionadas, pues creemos que todo cuanto nos atañe personalmente es de capital importancia, sin darnos cuenta de que las fuerzas operantes en la evolución de la humanidad no actúan singularmente en los individuos ni en grupos de individuos, sino colectivamente en millones de personas.

No es posible que los Adeptos empleen el tiempo en tareas de esta índole. Hubieran podido ocuparse de ellas sus discípulos; pero hasta que la Teosofía difundió estas ideas por Occidente, la mayor parte de los discípulos de los Maestros eran naturales de la India, y quienquiera que conozca algo de la religión hinduista comprenderá que no se les ocurriría a sus fieles la idea de auxiliar individualmente a los difuntos, pues su concepto del estado posterior a la muerte del cuerpo físico, es más bien el de que el ego se identifica con alguna representación de la Deidad y así progresa notablemente. No dudan de que una vez logrado tal progreso podrían ser útiles a la humanidad; pero difícilmente durante la etapa intermedia, es decir, antes de alcanzar esa evolución.

Además, los hinduistas sienten poca necesidad de auxiliar a sus muertos, porque su religión les enseña las condiciones en que se han de hallar después de la muerte, de modo que al morir un hinduista no se alarma ni se conturba. La idea de que el difunto puede necesitar auxilio después de la ordinaria ceremonia *Shraddha*,[1] sería algo extraña para la mentalidad de los indos, y por lo tanto no organizaron la obra auxiliadora.

Los teósofos que en un principio emprendieron esta labor, consideraron ante todo que no debían desperdiciar las horas de sueño, y además, que dicha obra ofrecía un dilatado campo a la útil actividad de cuantos conocieran siquiera algo de las condiciones del mundo astral. Así pues, se entregaron a ella e hicieron cuanto les fue posible.

También hubo otras religiones que enseñaron minuciosamente las circunstancias de la vida después de la muerte. Así lo hizo la religión egipcia, pero sus métodos eran atlantes y sus fieles no tenían idea de la generación, esto es, que conocían muchísimos casos sin deducir de ellos reglas generales.

En el *Libro de los Muertos* hallamos gran cantidad de pormenores, y en cada caso se detallaba cuidadosamente el método seguido, aunque nunca comprendieron que todos estos métodos eran manifestaciones de la voluntad

---

1.- Devoción a la memoria y cuidado por el bienestar de los parientes difuntos con una ofrenda en su honor. Ceremonia análoga a los funerales, en el rito católico romano (N. del T.).

humana, y que una recia voluntad podía realizarlos sin un exhaustivo conocimiento, de modo que eran innecesarios sus encantamientos y extrañas recitaciones.

Hasta que la Teosofía explicó el asunto no hubo en Occidente ninguna afirmación sobre el mundo de ultratumba que estuviese en armonía con los modernos conceptos de la ciencia. El espiritismo hizo algo en el sentido de acopiar información, pero sus métodos eran poco sistemáticos y no dijo gran cosa sobre el otro mundo en conjunto. Creo que la Teosofía lo ha conseguido al aplicar el espíritu científico al problema del mundo invisible, estructurando sus observaciones y trazando un sistema coherente.

Desde luego que nosotros no tenemos en esto una especial prerrogativa, pues cualquier habitante inteligente del mundo astral podría conocerlo como nosotros lo conocemos, y así hallamos frecuentemente algunos pormenores que nos llegan por una vía distinta de la teosófica, aunque por costumbre les asignemos esta procedencia. Más frecuente sería esta circunstancia si la mayor parte de los habitantes del mundo astral tuviesen más aguda la facultad de observación, pues sólo describen lo que ven en su entorno y no procuran o no aciertan a observar en conjunto las circunstancias del mundo en que residen.

Cuando comenzamos a actuar durante el sueño del cuerpo físico, muy pronto nos damos cuenta de que hay muchas necesidades por satisfacer tanto entre los vivos como entre los muertos.

Empleo las palabras «vivos» y «muertos» en su acepción común; pero conviene advertir que los llamados muertos están mucho más vivos que nosotros, y a su vez ellos nos llaman muertos, porque estamos sepultados en estas tumbas de carne y hueso que obstaculizan las superiores influencias. Nunca deploran su condición, sino que más bien lamentan la nuestra. Ya trataremos de ellos más adelante. Veamos primero lo que podemos hacer en auxilio de los vivos.

Recordemos que todas las noches, durante el sueño, abandonamos el cuerpo físico, y entonces vivimos en el mundo astral tan libremente como cualquier difunto, aunque nosotros podemos regresar al cuerpo físico al despertar por la mañana. Pero entretanto, nos encontramos con el habitante del mundo astral y podemos conversar con él cara a cara lo mismo que conversamos diariamente con nuestros amigos del mundo físico.

En el mundo astral, lo mismo que en el físico, podemos consolar al afligido, aunque por lo general no podemos hacernos visibles a quienes están despiertos en su cuerpo físico, pues para ello es necesario materializarse, o sea, circundar el cuerpo astral de un velo de materia física, y éste es un arte difícil de adquirir. En todo momento es posible derramar amor y simpatía en el afligido despierto en su cuerpo físico; mas para mostrarse a él y hablarle es mejor esperar a que esté dormido. También es posible enviarle corrientes de suave energía que calmen sus excitados nervios y le capaciten para conciliar el sueño si está insomne. Asimismo podemos aliviar la angustia mental enviando cariñosos pensamientos al sufriente e infundirle la idea de que después de todo, aún podría hallarse en peor situación de la que temporalmente se halla.

A veces se puede hacer algo para tranquilizar a una persona abrumada por el tedio o excitada. Hay millones de ellas que jamás se ven libres del tedio y muy a menudo se preocupan por cosas que no tienen la menor importancia. Tales personas están enfermas anímicamente, y con los vehículos superiores en morbosa condición.

Además, hay quienes dudan de todo, y la duda es otra forma de enfermedad mental, que puede curarse o al menos aliviarse infundiendo en el enfermo las ideas generales de la Teosofía. Muchos de ellos son materialistas. Para ellos su doctrina es de sentido común; pero podemos decirles que a duras penas merece el nombre de doctrina una teoría que rehúsa tomar en cuenta los fenómenos superfísicos, y que en el mundo astral son de más fácil demostración y más notoria prueba que en el físico.

Por otra parte, podemos auxiliar a los necesitados de auxilio, despertando en ellos las cualidades de que carecen. Si tenemos un amigo tímido y nervioso, le enviaremos pensamientos de valor, energía y confianza. Si propende a ser duro e intolerante en sus juicios, le envolveremos en nubes de amor y delicadeza. Pero esta obra se ha de hacer con muchísimo cuidado, siempre por suave sugestión y nunca imperiosamente. No es difícil infundir desde el mundo astral un vigoroso pensamiento en una persona, y es posible dominarla y constreñirla por medio del pensamiento a que actúe de una determinada forma, pero debemos considerar este proceder desde todo punto inadmisible.

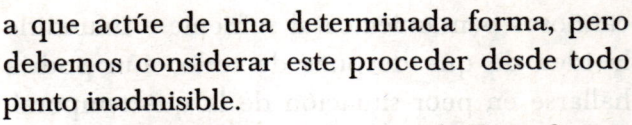

Entre las hermosas ideas que la Teosofía nos ha legado, aparece preeminentemente la de la auxiliadora acción de agentes de la naturaleza. La creencia en ellos ha sido universal desde los albores de la historia, y aun hoy lo es si exceptuamos los estrechos reductos religiosos del protestantismo, que ha desolado y entenebrecido la conciencia de sus fieles con el empeño de negar la natural y verdadera idea de los mediadores, reduciendo toda comunicación espiritual a la directa entre el hombre y la Divinidad, con lo que el concepto de Dios quedó infinitamente degradado y el hombre sin auxilio.

No se necesita mucho esfuerzo de meditación para comprender que la vulgar idea de Providencia, el concepto de una arbitraria intervención entre el Poder central del universo y el resultado de sus propios designios, supondría parcialidad o privilegio, y, por lo tanto, la interminable serie de males que de ella necesariamente dimanarían.

Libre de esta objeción se halla la Teosofía, porque enseña que el hombre sólo recibe auxilio cuando por sus pasadas acciones lo merece, y que aun así, lo recibirá únicamente de los seres en superior cercanía a su nivel psíquico. Esta enseñanza nos conduce a la inmemorial y ya lejana idea de una ininterrumpida escala de seres que desde el Logos desciende hasta el polvo que huellan nuestros pies.[1]

1.- La Escala de Jacob (N. del T.).

Universal Creencia en Ellos

La existencia de Protectores invisibles ha sido reconocida siempre en Oriente, aunque se les haya designado con diversos nombres y atribuido diferentes características según los países. En la propia Europa dan prueba de esta misma creencia las continuas intervenciones de los dioses en los asuntos humanos, como relatan los historiadores griegos.

También la leyenda romana atribuye a Cástor y Pólux una mediación favorable a las legiones de la naciente república, en la batalla del lago Regilo.

Semejantes creencias no desarraigaron al terminar la edad antigua, sino que tuvieron sus legítimas derivaciones en los tiempos medievales, como lo demuestran las apariciones de santos en el momento crítico de las batallas[2] para mudar la suerte de las armas en favor de las huestes cristianas; o asimismo, los ángeles de la guarda que en ocasiones salvan a los peregrinos sin el celeste auxilio de peligros inevitables.

1.- La legendaria aparición del apóstol Santiago en la batalla de Clavijo puede asimismo referirse a este orden de mediaciones (N. del T.).

Algunos ejemplos modernos

Capítulo Dos

Aun en esta descreída época y entre la vorágine de nuestra civilización, a despecho de la ciencia dogmática y de la mortífera estulticia del protestantismo, puede hallar quienquiera que se tome el trabajo de fijar la atención en ellos, numerosos ejemplos de mediación protectora, inexplicable desde el punto de vista del materialismo. A fin de darle al lector prueba de ello, resumiré brevemente unos cuantos ejemplos de los referidos por escritores veraces, y además algunos otros que adquirí a través de noticias directas.

Circunstancia muy curiosa en estos recientes ejemplos es que, según parece, la mediación tuvo casi siempre por objeto proteger o salvar a la infancia.

Hace pocos años sucedió en Londres un interesante caso relacionado con la salvación de un niño en un terrible incendio que se declaró cerca del barrio de Holborn, destruyendo por completo dos casas. Las llamas habían cobrado tal intensidad antes de advertirse el siniestro, que los bomberos se vieron obligados a dejar que el fuego devorase las casas, consagrando todos sus esfuerzos a localizar el incendio y poner a salvo a los moradores. Lograron salvarlos a todos excepto a dos: una anciana que murió asfixiada por el humo, antes de que los bomberos pudiesen auxiliarla, y un niño de cinco años de quien nadie se había acordado entre la turbación y pánico que a los inquilinos les causó la alarma del fuego. Sin embargo, semejante olvido tenía su fundamento psicológico, porque el niño no habitaba de ordinario en aquella casa, sino que, obligada su madre a ir a Colchester para asuntos de familia, lo había confiado aquella noche a la hospitalidad de una parienta suya que era precisamente inquilina de una de las casas incendiadas. Así es, que cuando todos estuvieron a salvo y los edificios envueltos en llamas, se acordó la pobre mujer con espanto del niño cuya custodia le había confiado, viéndose impotente de volver a la casa y llegar hasta el desván en donde estaba el niño, prorrumpió en desconsolado llanto; pero un bombero, lanzándose entonces en un desesperado y supremo esfuerzo, e informado por la inquilina de la exacta situación del desván, penetró heroicamente por entre aquel infierno de fuego y humo. A los pocos minutos reaparecía con el niño sano y salvo, sin la más leve quemadura.

Algunos Ejemplos Modernos

El bombero refirió que el desván estaba ardiendo y con la mayor parte del suelo hundido, pero las llamas, contra su natural propensión, retorcían sus lenguas hacia la ventana de un modo que jamás había observado en su larga experiencia del oficio, dejando enteramente intacto el rincón donde estaba la cama del niño, aunque ya se veían medio quemadas las vigas del techo. Dijo también que había encontrado al niño presa del natural terror, pero que al acercarse a él con serio peligro de su vida (y esto lo declaró el bombero repetidas veces), vio una figura como de ángel «gloriosamente albo y resplandeciente, inclinado sobre la cama en actitud de cubrir al niño con la colcha». Éstas fueron sus últimas propias y exactas palabras. Añadió después que no había sido víctima de alucinación alguna, porque el ángel estaba rodeado de un nimbo de luz y pudo verle nítidamente por espacio de unos cuantos segundos, antes de que se disipara su figura al acercarse él a la cama donde permanecía el niño.

Otra circunstancia curiosa de este suceso fue que, aquella misma noche, la madre del niño no pudo conciliar el sueño en su alojamiento de Colchester, viéndose continuamente atormentada por la tenaz idea de que a su hijo le amenazaba una desgracia. Tan persistente fue el presentimiento, que finalmente se levantó para impetrar fervientemente al Cielo que protegiese al niño y le salvase del peligro que sobre él se cernía. La intervención fue así evidentemente milagrosa, lo que un cristiano llamaría «respuesta a una plegaria»; pero un teósofo, expresando la misma idea con una frase, más científica, dirá que el intenso desbordamiento del amor maternal constituyó la fuerza aprovechada por uno de nuestros protectores invisibles para salvar al niño de una espantosa muerte.

Otro caso de milagrosa protección a la infancia ocurrió en las riberas del Támesis, cerca de Maidenhead, pocos años antes del ya referido. Esta vez el peligro no provino del fuego, sino del agua. Tres pequeñuelos, que, si mal no recuerdo, vivían en el pueblo de Shottesbrook o cerca de allí, fueron a dar un paseo con su niñera por la margen del río. De pronto, en una revuelta se les echó encima un caballo que remolcaba una lancha, y en la confusión por temor al atropello, dos de los niños se apartaron hacia el lado izquierdo de la soga y tropezando en ella cayeron al río. El barquero, al percatarse del accidente, se abalanzó con intención de salvarlos, pero asombrado vio cómo flotaban milagrosamente sobre el agua, moviéndose suavemente hacia la orilla. Esto fue lo que el barquero y la niñera presenciaron; pero los niños refirieron acordemente que «un hermoso joven de resplandeciente blancura» había estado junto a ellos en el agua, sosteniéndolos y guiándolos hacia la orilla. La hija del barquero, que acudió a los gritos de la niñera desde su choza, dijo en corroboración del relato de los niños, que también ella había visto cómo «un hermoso señor» los conducía hacia la orilla.

Sin conocer todos los pormenores del caso expuesto, es imposible asegurar qué especie de protector era este ángel, pero la opinión más razonable se inclina a suponerle

Algunos Ejemplos Modernos

un ser humano de adelantado perfeccionamiento que actuaba en el plano astral, según veremos más tarde al discurrir sobre este asunto, desde el punto de vista de los protectores con preferencia al de los protegidos.

El conocido sacerdote Rdo. John Mason Neale, cita un caso en el que se advierte más explícitamente la acción protectora. Cuenta el reverendo Mason que un hombre recién enviudado fue de visita con sus niños a la casa de campo de un amigo. La casa era vieja, estaba aislada, y en la planta baja había largos y oscuros corredores por donde los niños acostumbraban jugar placenteramente al escondite.

Pero en aquella ocasión quisieron subir al primer piso con gravedad de personas mayores, y dos de ellos dijeron que, al pasar por uno de los corredores, se les había aparecido su madre, mandándoles retroceder. Examinado el lugar del suceso, evidencióse que de subir los niños unos cuantos peldaños más, se hubiesen caído a un patio descubierto, interpuesto en su camino. La aparición de su madre los salvó de una muerte segura.

En este ejemplo parece indudable que la misma madre estaba velando todavía por sus hijos desde el plano astral, y que (según ha sucedido en algunos casos) su intenso deseo de preservarlos del peligro en que tan descuidadamente iban a perecer, le dio la facultad de manifestarse visible y audiblemente por un instante a sus hijos; o tal vez sólo la de sugerirles la idea de que la veían y escuchaban. Es posible también que cualquier otro protector, para no amedrentar a los niños, tomase la figura de la madre; pero la hipótesis más racional es atribuir la mediación a los efectos del siempre vigilante amor maternal, sutilizado al cruzar los dinteles de la muerte, porque este amor, uno de los más santos y abnegados sentimientos humanos, es también uno de los más persistentes en los planos suprafísicos. No sólo cuida y vela por sus hijos la madre que mora en los niveles inferiores del plano astral, y por consiguiente en roce con la tierra, sino que aun después de remontarse a las celestiales esferas, mantiene sin desmayo el pensamiento de sus hijos, y la opulencia de amor que derrama sobre las imágenes que de ellos forja, constituye un potentísimo desbordamiento de fuerza espiritual que fluye sobre sus pequeñuelos, todavía sujetos a las condiciones de este mundo inferior, rodeándolos de vívidos núcleos de bienhechora energía que bien pudieran considerarse como verdaderos ángeles de la guarda. Así lo demuestra un caso que hace algún tiempo llegó a conocimiento de nuestros investigadores. Una madre, fallecida veinte años antes, dejó dos hijos a quienes amaba profundamente. Por supuesto, eran sus dos hijos las preeminentes figuras en su vida celeste, y pensaba en ellos tal como los había dejado al morir, de edad de quince y dieciséis años, respectivamente. El amor que derramaba la madre sin cesar en el mundo celeste sobre aquellas imágenes, actuaba benéficamente en los hijos, que iban creciendo en el mundo físico; pero no los afectaba a los dos en el mismo grado, y no porque el amor de la madre fuese más intenso para uno que para otro, sino

Algunos Ejemplos Modernos

porque había mucha diferencia entre las imágenes, aunque la madre no advertía la diferencia. Sin embargo, los investigadores observaron que una de las imágenes se contraía a una forma mental de la madre sin realidad subyacente, mientras que la otra imagen estaba animada por vívida energía.

Al indagar la causa de tan interesante fenómeno, se descubrió que en el primer caso un hijo se había dedicado al comercio, y aunque no era malo, carecía de espiritualidad, mientras que el otro hijo había llegado a ser un hombre de elevadas y altruistas aspiraciones y de refinada cultura, de modo que la conciencia del ego estaba mucho más evolucionada que en su hermano, y era por tanto capaz de animar la imagen que de él había forjado su madre en el mundo celeste.

El obispo de Londres cree que algunos niños pueden ver a los ángeles. En un sermón predicado en la catedral de San Pablo, dijo que Dios y los ángeles estaban siempre cerca de nosotros, y en consecuencia no se había de considerar alucinado al niño que afirmase haber visto a un ángel. A propósito de esto, relató que estando una vez confirmando en la abadía de Westminster, se hallaba entre los fieles una niña de trece años que había ido con su madre a presenciar la confirmación de su hermano.

Sin que recibiera sugestión alguna, durante la ceremonia exclamó la niña:

—¿Lo ves, mamá?

—¿Qué he de ver? —respondió la madre.

Y la niña respondió:

—Ángeles a uno y otro lado del obispo.

Si es cierto que los limpios de corazón verán a Dios, ¿no sería posible que una niña de corazón perfectamente puro viese lo que no podían ver los adultos?

También refirió el obispo el caso ocurrido a cinco muchachas cuyo padre estaba gravemente enfermo. La menor se fue a la cama, pero enseguida salió de su cuarto exclamando:

—¡Venid! ¡Dos ángeles suben por la escalera!

Nadie pudo ver nada, pero al cabo de un rato la muchacha gritó de nuevo:

—¡Venid! ¡Los ángeles bajan por la escalera y papá se va con ellos!

Las cinco hermanas vieron lo que la pequeña decía, y al entrar en la alcoba de su padre éste era ya cadáver.

No hace muchos años, la hija menor de otro obispo anglicano salió a pasear con su madre por las calles de la ciudad en donde vivían, y al cruzar inadvertidamente de una a otra acera, la niña fue atropellada por los caballos de un carruaje que avanzaba desde la esquina. Viéndola su madre entre las patas de los animales, se abalanzó con el natural temor de que hubiese sufrido un grave daño; pero la niña se levantó ilesa del suelo, diciendo: «¡Oh, mamá! No me he hecho daño, porque alguien, vestido de blanco, evitó que los caballos me pateasen, y no tuve miedo».

Un caso ocurrido en el condado de Buckingham, cerca de Burnham Beeches, es notable por haber persistido durante bastante tiempo la manifestación física del auxilio espiritual. En los ejemplos anteriores, la intervención fue de breves instantes, mientras que en el que vamos a referir el fenómeno duró más de media hora.

Dos niños de un modesto colono se quedaron a jugar en la solana mientras que sus padres y los mozos de labranza estaban en el campo ocupados en las faenas de la recolección. Los chicuelos, ansiosos de corretear por el bosque, se alejaron demasiado de la casa y no dieron con el camino de vuelta. Cuando los fatigados padres regresaron al obscurecer, echaron de menos a los niños, y después de buscarlos infructuosamente por las casas vecinas, enviaron a los jornaleros en su busca por distintas direcciones. Sin embargo, toda la exploración resultó inútil, volviéndose al cortijo con afligido semblante; pero entonces vieron a lo lejos una luz extraña que se movía lentamente a través de los campos lindantes con la carretera. La luz tenía la forma de una esfera de hermoso color dorado, enteramente diferente de la de una luz artificial, permitiendo distinguir a los dos niños que todavía correteaban por el campo iluminados por la prodigiosa claridad. Los padres y sus criados acudieron inmediatamente al paraje indicado, persistiendo la luz hasta que, reunidos con los niños extraviados, se desvaneció en la tenebrosa obscuridad.

Lo sucedido fue que al llegar la noche y viéndose perdidos, los niños deambularon por el bosque después de pedir socorro a gritos durante algún tiempo, hasta que al fin el sueño los rindió al pie de un árbol. Luego, según ellos mismos dijeron, los despertó una hermosísima señora que llevaba una lámpara y que, tomándolos de la mano, los iba encaminando a casa cuando sus padres los encontraron. Por más que los niños dirigieron algunas preguntas a la aparición, ésta no hizo más que sonreír sin pronunciar palabra. Los dos niños demostraron tal convencimiento en el relato, que no hubo medio de quebrantar su fe en lo que habían visto. Digno de mención es, sin embargo, que aunque todos los presentes vieron la luz y pudieron distinguir perfectamente los árboles y plantas que se hallaban dentro del círculo iluminado, para ninguno de ellos, salvo para los niños, fue visible la aparición.

Experiencia Personal

Capítulo Tres

Los ejemplos relatados son bastante conocidos, y aquel que desee, puede leerlos en los libros en que se publicaron y particularmente en el del Dr. Lee, titulado: *Más vislumbres del Mundo Invisible;* pero los que ahora voy a referir no son del dominio público ni se han editado antes de ahora, habiéndome sucedido uno de los casos a mí mismo y el otro a nuestra insigne Presidenta, cuyo escrupuloso espíritu de observación desvanece la más ligera sombra de duda.

El caso que personalmente me atañe es muy sencillo, aunque no de poca monta para mí, puesto que en él salvé la vida. Una noche de borrasca iba yo por una de las calles adyacentes a Westbourne Grove, forcejeando por mantener abierto el paraguas contra las violentas ráfagas de viento que a cada instante amenazaban arrebatármelo de las manos, sin que este esfuerzo físico me distrajera de pensar en los pormenores de un trabajo literario que ya tenía comenzado. De pronto me sobrecogió el sonido de una voz muy conocida, la de un Maestro hindú que gritó a mi oído: «Retrocede». Rápido como el pensamiento, obedeciendo casi maquinalmente al aviso, me eché hacia atrás, y con la violencia del movimiento se me escapó el paraguas, al mismo tiempo que cuatro pasos más allá del sitio en que estaba, se estrellaba contra el pavimento de la calle un enorme sombrerete de chimenea, es decir, en el mismo punto por donde yo hubiera pasado en aquel instante de no advertirme la voz. El gran peso de aquel artefacto y la velocidad propia de la caída, hubiesen bastado seguramente para dejarme en el sitio si de tan prodigioso modo no me advierte del peligro la voz del Maestro. Por la calle no pasaba nadie, y el hindú cuya conocida voz había oído, estaba a once mil kilómetros de distancia por lo que atañe a su cuerpo físico.

No fue ésta la única ocasión en que recibí auxilio supranormal. En mi juventud, mucho antes de fundarse la Sociedad Teosófica, la aparición de una persona amada y poco antes fallecida, me impidió cometer un acto que ahora considero reprobable y que entonces me parecía no sólo justo, sino loable y necesario.

En fecha más reciente, pero anterior también a la fundación de la Sociedad Teosófica, una advertencia recibida de elevadas esferas en muy emocionantes circunstancias,

Experiencia Personal

me incitó a aconsejar a un amigo que no siguiera por el camino emprendido, cuyo término, según ahora veo, hubiera sido desastroso, aunque entonces no tenía yo motivo racional para ni siquiera suponerlo. Véase, pues, como baso en un amplio caudal de experiencia propia mi firmísima fe en la existencia de protectores invisibles, aun prescindiendo de cuanto sé respecto al auxilio que continuamente están prestando en nuestros días.

El otro caso es mucho más sorprendente. Cuando se publicó la primera edición de este libro, hace más de treinta años, aunque nuestra querida Presidenta me dio permiso para publicar varios relatos de su obra y sucesos en los planos superiores, no quiso que apareciera su nombre; pero al cabo de tanto tiempo, no hay razón para que sus millares de admiradores se vean privados del inmenso placer resultante de la identificación de la heroína de tan hermosas y admirables experiencias, con un Maestro a quien tan profundamente ama y reverencia. Creo que me perdonará si revelo un secreto guardado durante treinta años. Nuestra Presidenta se halló cierta vez en grave peligro. Por circunstancias que es ocioso referir, se vio envuelta en una refriega callejera y atacada por varios hombres con intención de derribarla al suelo, de modo que parecía completamente imposible escapar con vida del lance. Súbitamente experimentó una extraña sensación, como si la arrebatasen de entre la contienda, para luego hallarse completamente sola y salva en una callejuela paralela a aquella donde ocurría el disturbio, cuyo rumor escuchaba a lo lejos. Absorta en el pensamiento de lo que le había sucedido estaba la señora, cuando irrumpieron en la callejuela dos o tres hombres escapados de la pelea, quienes, al verla, demostraron gran asombro y mucho placer, diciendo que, al notar la desaparición de tan valerosa dama de en medio de la refriega, creyeron que verdaderamente la habían derribado al suelo.

No pudo la señora dar una ulterior explicación al suceso y regresó confusa a su casa; pero al referírselo algún tiempo más tarde a la señora Blavatsky, le dijo ésta que un Maestro habría enviado ex profeso a alguien para protegerla, en consideración a que por su karma estaba destinada a liberarse de aquel peligro y emplear su vida en obras meritorias.

De todos modos, el caso es realmente extraordinario, no sólo por el gran poder ejercido, sino por la prodigiosa manera de ejercerlo. No es difícil suponer el *modus operandi*. La señora hubo de ser levantada en vilo por encima de las casas y colocada instantáneamente de pie sobre el pavimento de la calle paralela; pero como su cuerpo físico no fue visible durante el transporte aéreo, es de suponer que lo cubriera un velo de materia etérea. Podrá objetarse que lo que oculta un cuerpo físico ha de ser también substancia física, y por lo tanto visible, pero a esto replicaremos diciendo que, por un procedimiento muy familiar a los estudiantes de ocultismo, es posible desviar curvilíneamente los rayos de luz (que, según las leyes hasta hoy conocidas por la ciencia, sólo se emiten en línea recta, excepto cuando se refractan), de modo que después de pasar alrededor de un objeto, vuelvan a proseguir exactamente su

Experiencia Personal

primitiva dirección. De esto se deduce que, en semejantes condiciones, será un objeto absolutamente invisible para la mirada física hasta que los rayos lumínicos regresen a su normal trayectoria. Estoy completamente convencido de que bastará esta sola hipótesis para que los actuales hombres de ciencia destruyan por absurda mi explicación, pero yo me limito a exponer una posibilidad natural que sin duda descubrirá la ciencia del porvenir, y quienes no sean estudiantes de ocultismo deben esperar hasta entonces la corroboración de mi teoría. Como he dicho, el procedimiento será de fácil comprensión para quienes conozcan una mínima parte de las ocultas fuerzas de la naturaleza, pero el fenómeno es eminentemente asombroso.

Otro caso de interposición, quizás menos sorprendente, pero de felicísimo resultado, llegó a mi conocimiento después de publicada la primera edición de este libro. Una señora se vio en la necesidad de hacer sola un largo viaje en ferrocarril, y tuvo la precaución de tomar un reservado; pero apenas el tren salió de la estación, un hombre de mala catadura subió al coche y se sentó en el extremo opuesto al que se hallaba la señora, quien se alarmó muchísimo al verse sola con un sujeto de tan sospechosa facha, aunque como ya era demasiado tarde para pedir auxilio, sin moverse de su asiento, se encomendó a su santo patrón.

Muy pronto se redoblaron los temores de la señora, porque aquel hombre se levantó y se dirigió hacia ella con gesto amenazador, pero apenas había dado un paso, cuando retrocedió con muestras de terrorífico pasmo. Siguiendo la señora la mirada del intruso, se sorprendió al ver frente a ella a un caballero, que miraba serena y firmemente al burlado ladrón, y que no podía haber subido al coche por medios ordinarios. La sorpresa selló sus labios y estuvo contemplándolo en silencio durante media hora, pero el caballero, sin pronunciar palabra, no quitaba la vista del malhechor, que se mantenía temblando en un rincón del coche. Al llegar el tren a la primera estación, el hombre sospechoso saltó más que deprisa por la portezuela. La señora, profundamente agradecida de verse libre del importuno, se dispuso a mostrar su gratitud al caballero, y halló el asiento vacío, aunque era imposible que un cuerpo físico hubiese bajado del coche en tan breve tiempo.

La materialización se mantuvo en este caso por un período más largo que el usual, pero por otra parte, no se consumió energía en ninguna acción ni tampoco era necesario, porque bastó la aparición para producir el efecto deseado.

Sin embargo, estos casos referentes a lo que comúnmente se llama *mediación angélica,* sólo dan una incompleta muestra de la actividad de nuestros protectores invisibles. Pero antes de considerar otros ejemplos de su labor interventora, conviene que tengamos exacta idea de los diversos órdenes de entidades a que pueden pertenecer estos protectores.

Los Protectores

Capítulo Cuatro

arias de las muchas clases de habitantes del plano astral pueden concedernos su protección, que de este modo procederá alternativamente de los *devas*, de los espíritus de la naturaleza o de aquellos a quienes llamamos muertos, así como también de los que en vida actúan conscientemente en el plano astral, sobre todo los Adeptos y sus discípulos. Pero si examinamos la cuestión más detenidamente, veremos que aunque todos los referidos órdenes puedan tomar, y algunas veces tomen parte en las tareas protectoras, es tan desigual su participación en ellas, que casi debemos encuadrarlos en una sola clase.

El hecho indudable de que esta obra de protección se realiza desde el plano astral o más allá de él, entraña en sí mismo toda explicación. Quienquiera que tenga idea, aunque sea incipiente, de lo que son las fuerzas sometidas a la voluntad de un Adepto, comprenderá que si éste funcionase en el plano astral, le sería necesario malgastar tanta energía como si un físico eminente desperdiciara el tiempo en machacar la grava de un camino. La obra del Adepto tiene su ambiente en elevadas esferas y con más solvencia en los tres subplanos superiores del plano mental o mundo celeste, desde donde, enfocando sus energías, puede influir en la verdadera individualidad del hombre y no únicamente en la personalidad, que sería el único fin asequible en los planos astral y físico. El vigor que el Adepto despliega en aquel excelso reino, produce resultados mucho mayores, más trascendentes y duraderos que los que pudiera alcanzar empleando muchísima más fuerza en los planos inferiores. El trabajo superior es el único que puede realizar cumplidamente, mientras que el comenzado fuera de su propia esfera, han de terminarlo aquellos que huellan los primeros peldaños de la celestial escala por la que algún día ascenderán a las alturas en donde el Adepto mora.

La misma consideración es aplicable al caso del deva, cuya labor parece no tener en su mayor parte relación alguna con la humanidad, debido a que pertenecen a un reino de la naturaleza muy superior al nuestro. Y aun aquellos de entre sus diversos órdenes que a veces se compadecen de nuestras miserias y responden a nuestras impetraciones, antes actúan para ello en el plano mental que en

Los Protectores

el astral y físico, prefiriendo a tal efecto los períodos entre las encarnaciones a los de las vidas terrenas.

Conviene recordar que algunos de estos casos de protección supranormal fueron observados durante las investigaciones acerca de los subplanos del plano mental, emprendidas cuando estaba en preparación el tratado concerniente a la materia.

Entre los casos observados, cabe citar el de un corista, a quien un deva le enseñó un canto celeste de maravillosa melodía; y el de un astrónomo a quien otro deva de distinta categoría que el del primer caso, ayudó en sus perseverantes estudios sobre la forma y estructura del universo.

Estos dos ejemplos son muestra de los muchos casos en que del vasto reino de los devas fluyeron auxilios para el progreso de la evolución humana y respuestas a las aspiraciones del hombre después de la muerte.

Por otra parte, hay medios de conseguir que estos elevados seres se acerquen a nosotros, aun durante la vida terrena, y nos comuniquen infinidad de conocimientos, si bien lograríamos más profundamente este interloquio alzándonos a su plano, que invocándolos para que desciendan hasta nosotros.

El deva interviene muy raras veces en los sucesos ordinarios de nuestra vida mortal, pues está tan plenamente ocupado en las sublimes tareas de su propio plano, que con dificultad se da cuenta de lo que sucede en el físico. Y aunque a veces se llegue a percatar de alguna aflicción o miseria humana que excite su piedad y le mueva a conceder su auxilio de algún modo, reconoce sensatamente que en el actual período de evolución produciría semejante auxilio muchísimos más males que bienes en la inmensa mayoría de los casos.

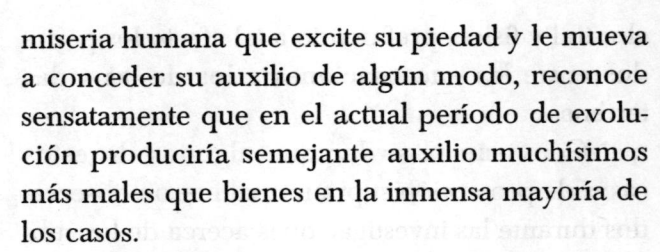

Indudablemente, hubo una época en la infancia de la humanidad, durante la cual recibieron los hombres más frecuente protección del cielo que en nuestros días. Los Budas y Manús de entonces, y aun los maestros y guías menores, procedían de la cohorte de los devas o de la perfeccionada humanidad de otro planeta más adelantado, debiendo tan excelsos seres dar al hombre la protección de que tratamos. Pero, conforme progrese el hombre, llegará a ser por sí mismo apto para actuar de protector, primero en el plano físico y después en los superiores; y alcanzando entonces la humanidad el grado de perfeccionamiento en que pueda proveer y prever por sí misma, los protectores invisibles quedarán libres para cumplir las más útiles y elevadas tareas de que sean capaces.

Sin embargo, en la época presente, se ha de tener en cuenta otro factor. En el proceso de su evolución, el mundo está dirigido y auxiliado alternativamente por cada uno de los Siete Rayos. Precisamente ahora comienza un período en que predomina la influencia del Séptimo Rayo, una de cuyas más señaladas características es la de fomentar la cooperación entre los reinos humano y dévico, que se irán relacionando cada vez más estrechamente en el inmediato futuro; y su próximo acercamiento podrá probablemente manifestarse en la multiplicación de casos de individual auxilio y comunicación, así como también en la colaboración de los magnificentes ceremoniales de varias clases.[1]

De esta manera se comprende que la protección a que nos referimos provenga precisamente de hombres y mujeres situados en cierto grado de su evolución, pero no de los Adeptos, cuya aptitud se emplea en más provechosas y trascendentales obras, ni de los ordinarios seres carentes de cierto desarrollo espiritual que no fueran capaces de utilizar.

Teniendo en cuenta estas consideraciones, vemos que la acción protectora en el plano astral y en el mental inferior, pertenece principalmente a los discípulos de los Maestros, a hombres que, todavía distantes del Adeptado, han evolucionado hasta el punto de actuar conscientemente en dichos planos.

Algunos de ellos alcanzaron el último peldaño que sirve de eslabón entre la conciencia física y la de más altos niveles, teniendo por lo tanto la indudable ventaja de recordar en estado de vigilia lo que hicieron y aprendieron en otros mundos; pero también hay muchos que, aun siendo incapaces de dilatar su conciencia hasta el punto de conservarla constantemente, no por eso desperdician las horas en

---

1.- Véanse a este respecto para más amplia información, las obras: *Los Maestros y el Sendero*, de Leadbeater, y *Los Siete Rayos*, de Ernesto Wood, Biblioteca Orientalista y Editorial Teosófica. Barcelona. Apartado 787.

que ellos creen que duermen, sino que las emplean en nobles y altruistas obras en provecho del prójimo.

Antes de considerar lo que estas obras representan, examinemos una objeción muy frecuentemente suscitada con respecto a ellas, tratando al mismo tiempo de los raros casos en que los agentes protectores son ya espíritus de la naturaleza, ya hombres que lograron separarse de su cuerpo físico.

Las personas con un escaso e incompleto caudal de conocimientos teosóficos, dudan a menudo de si les será permitido auxiliar a quienes estén afligidos o padezcan penalidades, por recelo de que su auxilio quebrante el destino decretado en suprema justicia por la eterna ley del karma. Dicen ellos:

«Ese hombre se halla en tal estado, porque lo merece. Sufre actualmente las naturales consecuencias de alguna falta cometida anteriormente: ¿Qué derecho tengo de perturbar la acción de la gran ley cósmica con mi intento de mejorar su situación, ya sea en el plano astral, ya en el físico?»

Los que de este modo arguyen, exponen inconscientemente un concepto monstruoso, porque su proposición implica dos extravagantes presunciones: primera, que saben perfectamente lo que es el karma de otro hombre y por cuánto tiempo han de durar sus sufrimientos; y segunda, que ellos, los insectos de un día, pueden preinterpretar absolutamente la ley cósmica e impedir por la acción de ellos el debido cumplimiento del karma. Podemos estar muy seguros de que las grandes divinidades kármicas son perfectamente capaces de obrar sin nuestro auxilio, y no debemos temer que cualquier determinación que tomemos les ocasione la más leve dificultad o estorbo.

Si el karma de un hombre fuese tal que no permitiera auxiliarle, entonces todos nuestros esfuerzos, por bien dirigidos que estuviesen, serían inútiles, aunque con ello pudiéramos obtener un buen karma para nosotros mismos. Lo que el karma de un hombre pueda ser, no es cuenta nuestra, y debemos, por lo tanto, ayudarle con todo ahínco. La acción auxiliadora nos pertenece, pero los resultados están en otras y más excelsas manos. ¿Cómo podemos saber el estado en que se halla la cuenta espiritual de un hombre? Tal vez en aquel punto acaba de terminar su karma penoso y se halla en el momento verdaderamente crítico de necesitar la protección que le ayude a sobreponerse a sus angustias; ¿por qué no hemos de tener nosotros, en vez de otros, el placer y el privilegio de llevar a cabo tan buena obra? Si podemos protegerle, esta sola posibilidad nos demuestra por sí misma que merece protección; pero si no lo intentamos, jamás lo sabremos. En todo caso, se cumplirá la ley del karma con nuestra mediación o sin ella, y, por lo tanto, no debemos preocuparnos por este punto.

Pocos son los casos en que la protección dimana de los espíritus de la naturaleza. La mayoría de estos seres se alejan de los lugares frecuentados por los hombres, para evitar el disgusto que les producen sus emanaciones, y el ruido y desasosiego peculiares de los sitios en que mora el hombre. Por otra parte, a excepción de los de más elevada categoría, son generalmente inconstantes e irreflexivos, pareciéndose más bien a chiquillos que retozan rebosantes de salud, que a entidades graves y reposadas. Puede suceder, a veces, que alguno de ellos se adhiera a un ser humano y le proteja en ciertos casos; pero en el actual estado de la evolución de los espíritus de la naturaleza, lógico es deducir que no hay que confiar en que presten una firme cooperación a la obra de los protectores invisibles.

Para el más minucioso estudio de los espíritus de la naturaleza recomendamos al lector nuestra obra titulada: *El aspecto oculto de las cosas*.

La protección puede venir en ocasiones de los recién fallecidos que todavía están en el limbo del plano astral y siguen en contacto mediato con los sucesos terrestres, como probablemente sucedió en el referido caso de la madre que salvó a sus hijos que expusimos al comienzo. Sin embargo, se comprende fácilmente que los casos de esta especie de protección han de ser muy raros, pues por abnegada y caritativa que sea una persona, lo menos probable es que, después de la muerte, se entretenga con plena conciencia en los niveles inferiores del plano astral desde los cuales es más accesible la tierra. En todo caso, a menos que fuese un malvado impenitente, estará en el plano desde donde toda mediación habrá de ser relativamente corta; y aunque desde el mundo celeste pueda derramar todavía su benéfico influjo sobre aquellos a quienes amó en la tierra, más bien tendrá este influjo carácter de bendición general que de fuerza capaz de determinar definitivos resultados en casos particulares como los que hemos considerado.

Por otra parte, muchos de los difuntos que desean proteger a los aquí encarnados, se ven completamente incapaces de dispensarles su protección en modo alguno, porque para actuar desde un plano sobre un ser, habitando en otro, es necesario que el último tenga exquisita sensibilidad o que el primero sea suficientemente instruido y hábil. Por lo tanto, aunque ocurran apariciones momentáneas de recién fallecidos, es raro el caso en que hayan tenido utilidad o éxito en la intención que el aparecido llevaba sobre el pariente o amigo a quien se le apareció. Naturalmente, hay algunos casos en que podemos comunicarnos, pero son los menos en comparación con el gran número de apariciones.

Así que en vez de recibir nosotros protección de los muertos, sucede con más frecuencia que sean ellos quienes estén necesitados de auxilio antes que en disposición de prestárselo a otros. Por lo tanto, la parte principal de la acción correspondiente a esta esfera pertenece a las personas que en vida son capaces de actuar conscientemente en el plano astral.

Realidad de la Vida Suprafísica

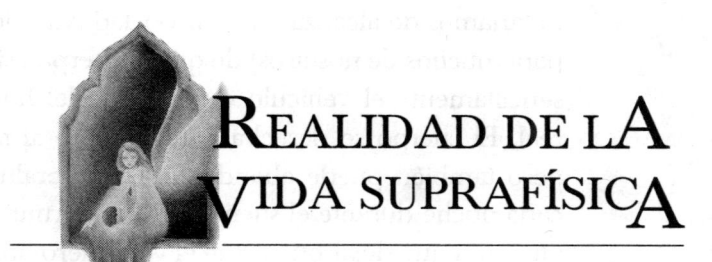

Capítulo Cinco

Aquellos que sólo estén acostumbrados a las vulgares y un tanto materialistas ideas de nuestro siglo, les parecerá difícil comprender la condición de plena conciencia fuera del cuerpo físico. Todo cristiano, cualquiera que sea su confesión, está obligado a creer en la existencia del alma; pero si le insinuamos la posibilidad de que esta alma pueda tener realidad visible fuera del cuerpo, bajo determinadas condiciones, el noventa por ciento responderá desdeñosamente diciendo que no creen en fantasmas, porque semejante idea es tan sólo una anacrónica supervivencia de las vanas supersticiones medievales.
Si a pesar de ello apreciáramos tan sólo en mínima parte la obra de las cohortes de protectores invisibles y aprendiéramos

a corresponder a ella, nos libraríamos de las trabas opuestas por las ideas dominantes en este punto y trataríamos de alcanzar la gran verdad (ya evidente para muchos de nosotros) de que el cuerpo físico es sencillamente el vehículo o vestidura del hombre real. El cuerpo se desecha para siempre al morir, pero también puede abandonarse temporalmente cada noche durante el sueño, porque dormir no es otra cosa que dejar que actúe el verdadero hombre en su cuerpo astral, fuera del físico.

Vuelvo a repetir que esto no es una simple suposición ni tampoco una ingeniosa hipótesis. Muchos de nosotros somos capaces de realizar cotidianamente, con plena conciencia, este acto de magia elemental, pasando a voluntad de uno a otro plano. Es evidente que a quienes realizan tal experimento, debe de parecerles grotescamente absurda la irreflexiva afirmación de que es completamente imposible realizarlo. Sucede en esto lo mismo que si le dijésemos a un hombre que es imposible que se quede dormido, y que si cree dormir es porque está alucinado.

Ahora bien: el hombre que todavía no ha establecido el eslabón entre las conciencias física y astral, es incapaz de salir voluntariamente de su denso cuerpo orgánico, y mucho menos de recordar lo que le ha sucedido fuera de él; pero no obstante, es cierto que lo abandona cada vez que duerme y que los clarividentes pueden notar la presencia del espíritu flotante sobre el cuerpo o vagando en torno a él a mayor o menor distancia según el caso.

El espíritu que carece de todo grado de evolución, permanece comúnmente flotando informe muy cerca de su cuerpo físico, poco menos dormido que éste, como en estado soñoliento, no siendo posible apartarlo de la inmediata vecindad del cuerpo físico, sin riesgo de producir una turbación que lo despierte. Según evoluciona el hombre, su cuerpo astral va definiéndose con mayor conciencia y llega a ser su más cómodo vehículo. En las personas instruidas y cultas es ya muy considerable el grado de conciencia, y por poco desarrollo espiritual que tenga un hombre, se halla tan identificado en el cuerpo astral como en el físico. Pero aunque durante el sueño sea plenamente consciente en el plano astral y capaz de moverse en él a su albedrío, no infiere aún que está en disposición de sumarse a la cohorte de protectores. Muchos de los que se hallan en esa situación psíquica están de tal modo aferrados a su círculo de pensamientos (generalmente continuación de los iniciados en las horas de vigilia), que se parecen a los hombres cuya atención, concentrada en un arduo estudio, los separa de cuanto sucede en su entorno. En cierto modo conviene que así sea, porque en el plano astral no hay algo, sino mucho de espantoso y aterrador para quien carece del valor proveniente del pleno conocimiento de la verdadera naturaleza de cuanto pueda ver.

Algunas veces llega el hombre a salir gradualmente por sí mismo de esta condición inferior y despierta en el mundo astral viéndolo tal como es; pero por lo común, permanece en estado de somnolencia hasta que algún preceptor activo lo toma de la mano y lo despierta. Sin embargo, no debe contraerse muy a la ligera esta responsabilidad, porque si es relativamente fácil lograr que un dormido despierte en el plano astral, no hay medio práctico de restituirlo al estado de sueño físico sino por la nociva acción de la influencia mesmérica. Así pues, antes de que un preceptor activo despierte a un dormido, debe aquél estar plenamente convencido de que éste se halla en disposición de dar buen empleo al sobreañadido poder que ha de ponerse en sus manos, y también de que sus conocimientos y su valor son garantía de que ningún daño ha de sobrevenirle como resultado de su acción.

Este despertar así realizado, pondrá al hombre en disposición de unirse, si quiere, a la cohorte de los protectores de la humanidad; pero hemos de tener muy en cuenta que esto no implica necesaria ni aun contingentemente la facultad de recordar durante la vigilia lo que se hizo en el sueño. Esta facultad ha de adquirirla el hombre por sí mismo, y en la mayor parte de los casos no llega a poseerla hasta después de muchos años y quizá ni en toda la vida. Por fortuna, este vacío de memoria cerebral no impide en modo alguno la acción fuera del cuerpo físico; por tanto, ello sólo tiene importancia para la satisfacción de que un hombre conozca en estado de vigilia las obras que emprendió durante el sueño. Lo verdaderamente importante es que la obra se realice aunque no la recordemos.

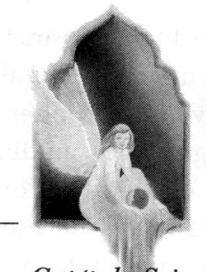

INTERVENCIÓN OPORTUNA

Capítulo Seis

A pesar de su variedad, toda actuación en el plano astral converge a impulsar, si bien en mínimo grado, el proceso evolutivo de la raza. A menudo se relaciona con el desarrollo de los reinos inferiores, que es posible acelerar ligeramente bajo determinadas condiciones. Nuestros preceptores Adeptos reconocen claramente un deber hacia los reinos elemental, vegetal y animal, cuyo progreso en algunos casos sólo se efectúa por medio de sus relaciones con el hombre. Pero naturalmente, la mayor y más importante parte de esta obra está relacionada, de uno u otro modo, con el género humano. Los servicios prestados son de muchas y variadas clases, aunque principalmente concernientes al desarrollo espiritual del hombre,

PROTECTORES INVISIBLES

pues como al principio dijimos, son rarísimas las mediaciones a través de algún objeto material. No obstante, pueden suceder ocasionalmente, y por más que mi deseo fuera mostrar la posibilidad de prestar auxilio mental y moral a nuestros prójimos, tal vez convenga exponer dos o tres ejemplos en que amigos míos auxiliaron materialmente a quienes estaban en extrema necesidad, a fin de ver a través de esos ejemplos cómo concuerda la experiencia de los protectores con el relato de los protegidos. Estos ejemplos pertenecen al orden de los que comúnmente se llaman «sucesos providenciales».

Durante la última sublevación de los matabelés, uno de nuestros consocios fue enviado en comisión de salvamento, lo cual, dicho sea de paso, puede servir como una muestra de los medios de ejercer protección sobre este mundo inferior. Según parece, cierto labriego y su familia, habitantes de aquel país, estaban una noche durmiendo tranquilamente con aparente seguridad y completamente ajenos a que, cerca de allí, implacables hordas de salvajes enemigos estaban emboscados ideando infernales arterías de muerte y depredación. Nuestro consocio llevaba el encargo de infundir en la familia dormida el sentimiento del terrible peligro que tan inadvertidamente la amenazaba, pero no veía fácil manera de cumplirlo. Inútilmente trató de suscitar en el cerebro del colono la idea del inminente peligro, y como la urgencia del caso requería medidas extremas, decidió nuestro amigo materializarse lo suficiente para sacudir por el brazo a la esposa del labriego e incitarla a levantarse y a mirar a su alrededor. Nuestro amigo se desvaneció en cuanto vio que había logrado su propósito, y la mujer del labriego ignoraba todavía *quién* de sus vecinos la había despertado tan oportunamente para salvar la vida de toda la familia, que sin aquella misteriosa intervención, hubiera sido asesinada en sus camas hora y media más tarde. No podía comprender aún la buena mujer cómo el compasivo vecino pudo protegerla en aquella ocasión, estando cuidadosamente atrancadas todas las puertas y ventanas de la granja.

Al verse tan bruscamente despertada, creyó la labriega que había soñado. Sin embargo, se levantó de la cama y exploró la granja para convencerse de que todo estaba en su sitio, siendo gran fortuna el que así lo hiciese, pues si bien nada notó de anormal en las puertas, echó de ver, en el momento de abrir un postigo, que el cielo estaba enrojecido por efecto de un lejano incendio. Despertó entonces a su marido y a toda la familia, pudiendo refugiarse, gracias a este oportuno aviso, en el poblado próximo, adonde llegaron en el preciso momento en que los salvajes arrasaban los campos y destruían la granja, aunque contrariados por no hallar la presa humana que esperaban. Puede el lector imaginarse la emoción que experimentaría nuestro consocio, al leer algún tiempo después en los periódicos la providencial salvación de aquella familia.

HISTORIA DE UN ÁNGEL

Capítulo Siete

Otro caso de intervención en el plano físico ocurrió hace poco tiempo, aunque esta vez sólo tuvo por objeto la salvación de una vida humana. Pero digamos antes unas cuantas palabras a modo de preliminar. En la cohorte de protectores que planea sobre Europa, hay dos de ellos que fueron hermanos en el antiguo Egipto y que todavía están estrechamente ligados el uno al otro. En su actual encarnación hay entre ambos mucha diferencia de edad, pues mientras uno es un adulto de mediana edad, el otro es aún niño por lo concerniente al cuerpo físico, aunque posee un ego muy evolucionado y con grandes expectativas. Naturalmente, corresponde al mayor conducir y guiar al menor en la oculta tarea a que tan cordialmente se entregan, y como ambos son plenamente conscientes y activos en el plano astral, emplean la mayor parte del tiempo, durante el sueño de sus cuerpos físicos, en trabajar bajo la dirección de su común Maestro, dando a vivos y muertos toda la protección de que son capaces.

Supliré la relación de los pormenores del caso con la copia de una carta escrita por el mayor al menor, inmediatamente después del suceso, pues la descripción que se da en ella es más viva y pintoresca que el relato que pudiera hacer un tercero.

«Buscábamos una nueva labor cuando de pronto exclamó Cirilo: "¿Qué es eso?" Habíamos oído un terrible grito de angustioso horror. En un instante nos trasladamos al lugar de donde provenía y vimos a un niño de once a doce años que se había caído de una peña y estaba muy maltrecho, con una pierna y un brazo rotos; y lo que todavía era peor, con una horrenda herida en el muslo, por la que salía la sangre a borbotones. Cirilo exclamó: "Déjame curarlo enseguida, porque si no morirá".

»En circunstancias semejantes es necesaria la rapidez del pensamiento. Dos cosas era posible hacer: cortar la hemorragia y procurar asistencia médica. Para ello era preciso que yo o Cirilo nos materializáramos, porque teníamos necesidad de manos físicas, no sólo para atar las vendas, sino además para que el infeliz muchacho viese a alguien junto a él en tan extrema situación. Yo sabía que si por una parte estaría el herido más a su gusto con Cirilo que conmigo, por otra, sospechaba que me sería más fácil a mí que a Cirilo prestarle auxilio. La conveniencia de compartir la tarea era evidente.

»El plan se realizó a la perfección. Materialicé a Cirilo instantáneamente (pues él no sabía aún hacerlo por sí mismo) y le sugerí la idea de que tomase el pañuelo que el herido llevaba al cuello y se lo atara vendando el muslo con dos vueltas. "¿No le haré sufrir demasiado?", repuso Cirilo; pero hizo lo que yo le ordenaba y se contuvo la hemorragia. El herido parecía medio inconsciente y apenas podía balbucear palabra, pero contemplaba en su mutismo la refulgente aparición que sobre él se inclinaba y preguntó:

»"¿Sois un ángel, señor mío?" Cirilo sonrió levemente y respondió: "No; soy un niño que ha venido en tu auxilio". Entonces dejé que le consolase y me marché en busca de la madre del niño, que vivía a una milla de distancia.

»No puedes imaginarte el trabajo que me costó infundir en aquella mujer la idea de que sucedía una desgracia y persuadirla a inquirir cuál pudiera ser. Por fin dejó a un lado el utensilio de cocina que estaba limpiando y exclamó en alta voz: "¡Ay! No sé lo que me pasa, pero siento como si me incitaran a ir en busca del chico". Controlando su sobresalto, pude guiarla sin gran dificultad, pese a que al mismo tiempo tenía que mantener la materialización de Cirilo con mi fuerza de voluntad, a fin de que no se desvaneciera la visión angélica de los ojos del herido.

»Tú sabes que al materializar una forma transmutamos la materia de un estado a otro transitoriamente opuesto, por decirlo así, a la voluntad cósmica; y que si distraes de ello la atención por un instante, vuelve a su prístina condición con la instantaneidad del relámpago. Debido a esto yo no podía atender plenamente a la mujer; mas no obstante la conduje como pude, y apenas llegó al pie de la roca hice que desapareciera Cirilo, no sin que ella pudiese verlo. Desde entonces tiene la aldea entre sus más hermosas tradiciones la de la mediación de un ángel en aquel suceso.

»Ocurrió el accidente por la mañana temprano, y aquella misma tarde observé desde el plano astral lo que sucedía en casa del herido. El pobre niño yacía en la cama muy pálido y débil, con los huesos rotos de pierna y brazo ya en su sitio y vendada la ancha herida, pero con seguro pronóstico de recobrar la salud. Junto a él estaban la madre y un matrimonio vecino a quienes ella refería el caso para que tomara la relación por consejo quien conociese la verdad de los hechos.

»Con atropelladas palabras, ella explicó cómo había tenido la presunción de la desgracia por la idea que repentinamente le sobrevino de que al chico le ocurría algún percance, y que por lo tanto debía ir en su busca. Como al principio, creyéndose presa de una alucinación pasajera, trató de desechar la idea, pero finalmente se decidió a escuchar el aviso. También refirió que, sin darse cuenta de ello, se había dirigido directamente a la peña en vez de tomar por otro camino, y que al descubrir el paraje, halló a su hijo caído contra una roca, observando que, arrodillado junto a él estaba el más hermoso niño que hasta entonces había visto, todo vestido de blanco, resplandeciente como un sol, con mejillas de rosa, ojos negros y sonrisa de ángel. Que precisamente en aquel mismo lugar, el niño había desaparecido súbitamente dejándola de momento sin saber qué pensar, pero que luego se percató de quién era y cayó de rodillas dando gracias a Dios por haberle enviado un ángel en socorro de su pobre hijo. Prosiguió relatando cómo al levantarlo para llevárselo a casa, quiso quitarle el pañuelo que le vendaba la pierna, pero él no lo consintió en manera alguna, diciendo que el mismo ángel se lo había vendado. También contó que poco después de llegar a casa había declarado el cirujano que de desatar la venda el niño hubiera muerto sin remedio.

»Después repitió las manifestaciones del herido, asegurando que en el momento de acercársele el ángel (presumía que era un ángel porque desde la cima de la peña no había visto a nadie en media milla a la redonda, aunque no podía comprender por qué no tenía alas ni por qué le había dicho que sólo era un niño), éste le había levantado del suelo vendándole la pierna, diciéndole entonces que estuviera tranquilo, porque ya habían ido a avisar a su madre, que llegaría sin tardanza. Le sorprendió cómo le había besado prodigándole consuelos, y cómo su blanda y tibia manecita le sostuvo durante todo aquel rato, mientras le contaba hermosas y maravillosas narraciones de las que tan sólo podía recordar que eran muy conmovedoras, porque casi se olvidó de que estaba herido hasta la llegada de su madre. Explicó también cómo entonces el ángel le prometió que pronto volverían a verse, y sonriendo y estrechándole la mano desapareció instantáneamente.

»Desde aquel día se inició una enérgica reacción religiosa en la aldea. El párroco les dijo a sus feligreses que aquella prueba de la intervención de la Providencia divina era un aviso para que no se burlaran de las cosas santas, y además, una prueba de la verdad de las Sagradas Escrituras y de la religión cristiana. Nadie advirtió, sin embargo, el colosal error de tan peregrina afirmación.

»Pero en el niño, el efecto del suceso fue indudablemente provechoso, tanto moral como físicamente, pues según se sabe había sido hasta entonces muy aficionado a efectuar escapadas atrevidas. Ahora ya sabe que *su ángel* puede acercársele en cualquier ocasión, y se guardará muchísimo de decir o hacer alguna cosa deshonesta, vil o iracunda, por temor a que pudiese verle u oírle. Desde entonces su mayor anhelo es que llegue el día de contemplarlo otra vez, y presiente que su amable rostro será el primero con quien se encontrará al morir.»

Verdaderamente es un hermoso y patético caso. La moral deducida del suceso por los aldeanos y su párroco, tal vez no pueda servir de ejemplo; pero la prueba de que existe algo más allá de este mundo físico, debe contribuir sin duda a que las gentes sean más buenas que malas, y sobre todo, contribuirá a ello la afirmación de la madre al asegurar que vio un ser real y verdadero, aunque de tener más sólidos conocimientos, tal vez se hubiera expresado de distinto modo.

Historia de un Ángel

Un interesante detalle, descubierto por el autor de la carta después en sus investigaciones, arroja luz sobre los motivos del suceso. Averiguó que los dos niños habían vivido en la tierra algunos miles de años antes, siendo el despeñado esclavo del otro, y que como aquél salvara en cierta ocasión la vida de su amo con riesgo de la propia, le había concedido la libertad en recompensa; y que ahora, al cabo de dilatados siglos, el dueño no sólo satisfacía la deuda cumplidamente, sino que infundía en su antiguo esclavo un elevado concepto de la vida y un estímulo a la moralidad de conducta que de seguro había de alterar favorablemente el proceso de su futura evolución.

Podemos, pues, estar seguros de que no hay obra buena sin recompensa en el karma, aunque pueda parecer tardía en su acción. *Aunque los molinos de Dios muelan lentamente, todavía muelen demasiado poco; pero aunque Dios espere, con paciencia terminan moliéndolo todo.*

Historia de un Incendio

Capítulo Ocho

Otra labor realizada por el mismo niño Cirilo ofrece un caso casi exacto al ya relatado en las primeras páginas de este libro.

Cirilo y su amigo mayor iban una noche en prosecución de su acostumbrada tarea, cuando vislumbraron la lívida claridad de un violento incendio y prontamente se preguntaron si podrían prestar algún auxilio.

Un gran hotel estaba ardiendo; una vasta construcción rectangular levantada a orillas de un extenso lago. El edificio tenía muchos pisos y daba a un jardín por tres lados de su fachada, mientras que el cuarto miraba al lago. Las dos alas se extendían directamente hacia éste, y la fila más alta de ventanas se proyectaba sobre el agua, dejando sólo un estrecho alero bajo ellas a uno y otro lado.

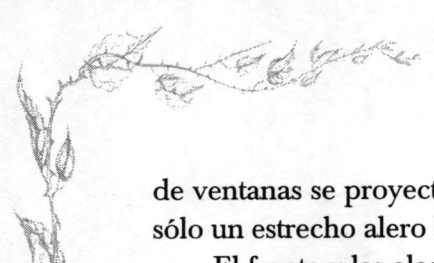

El frente y las alas tenían escaleras interiores, con los correspondientes huecos para los ascensores, de modo que una vez declarado el incendio se extendió con increíble rapidez, y antes de que nuestros amigos lo percibieran desde el plano astral ardían ya los pisos intermedios de los tres cuerpos del edificio. Afortunadamente, todos los moradores, menos un niño de pocos años, estaban a salvo, aunque algunos de ellos con muy graves quemaduras y contusiones.

El pobre niño quedó olvidado en una de las estancias superiores del ala izquierda, porque sus padres se habían ido al baile, y naturalmente nadie se acordó de él hasta última hora. El fuego era tan terrible en el piso medianero de aquella ala, que nada podía hacerse aunque alguien se hubiese acordado del niño, cuyo dormitorio daba al jardín y estaba ya aislado por el fuego. Además, el niño no se dio cuenta del peligro, debido a que el denso y sofocante humo que gradualmente invadía la alcoba le fue sumiendo en un sueño cada vez más profundo, hasta que al fin quedó aletargado.

En esta crítica situación lo descubrió Cirilo, quien parecía sentir especial predilección por la infancia en necesidad o en peligro. Primeramente trató de que la gente se acordase del niño, pero todo fue en vano; y como por otra parte hubiera sido muy difícil que ni aun acordándose de él pudieran socorrerle, Cirilo comprendió de inmediato que aquello era desperdiciar el tiempo. El compañero mayor materializó entonces a Cirilo en la estancia, animándole a que tratara de despertar al casi aletargado niño. Con mucha dificultad lo consiguió al fin en algún modo; pero el niño continuaba medio atontado, sin darse cuenta de lo que sucedía, de suerte que fue necesario empujarle hacia fuera y sostenerle a cada paso.

Los dos niños salieron de la alcoba al pasillo central que bordeaba el ala, pero al comprobar que el humo y las llamas avanzaban por el piso impidiendo el paso de un cuerpo físico, Cirilo volvió a entrar con el niño en la estancia, saltando por la ventana al alero de piedra. Éste tenía como treinta centímetros de ancho y se extendía rectamente a lo largo de la pared, casi al mismo nivel de la línea de las ventanas. El guía condujo al niño por este alero, balanceándose sobre el borde exterior y casi flotando en el aire, pero constantemente al lado del niño, a fin de que a éste, por miedo a caerse no le sobreviniese un vértigo.

Sobre el extremo del edificio más próximo al lago, en donde el incendio no era tan violento, ambos franquearon una ventana volviendo otra vez al corredor central con la esperanza de hallar expedita la escalera del hotel en aquel tramo; pero desgraciadamente estaba invadida también por las llamas y el humo, viéndose precisados a deslizarse a lo largo del corredor, previniendo Cirilo a su compañero que se arrastrase boca abajo a ras del suelo hasta alcanzar la caja enrejillada del ascensor, instalado en el hueco que se hallaba en el centro del edificio.

Como es de suponer, el ascensor estaba caído, pero ellos lograron descender apoyándose en el enrejado interior de la caja hasta llegar a la techumbre del ascensor. Allí se encontraron como presos, pero afortunadamente, Cirilo vio abierta una puerta de acceso que daba a una especie de entresuelo inmediatamente encima del piso bajo. Por aquella puerta salieron a un corredor que atravesaron sin dificultad, aunque el niño estaba medio asfixiado por el humo. De allí siguieron por uno de los salones opuestos, y finalmente, trepando por la ventana, se encontraron sobre la marquesina que se extendía a lo largo de la fachada, a poca altura del piso bajo y junto al jardín. A partir de entonces les resultó fácil deslizarse a lo largo de uno de los montantes de la marquesina hasta el jardín, pero aun allí era muy intenso el calor y corrían peligro de que se desplomasen las paredes. Así es que Cirilo trató de conducir al niño hasta el extremo de una de las alas y de allí al de la otra, pero en ambas partes el estrecho alero estaba obstruido por las llamas. Por fin se refugiaron en una de las barquichuelas de recreo amarradas a los escalones que, desde una especie de muelle en el lago, conducían al pie del jardín. Luego, desatando la barca, se vieron de pronto bogando tranquilamente sobre las aguas.

Cirilo trató de remar hasta más allá del ala incendiada para desembarcar al niño y ponerlo a salvo, pero apenas habían adelantado un corto trecho, los hombres de un vaporcito que surcaba el lago los descubrieron gracias al resplandor del incendio que iluminaba la escena como en un claro día. El vapor llegó junto al bote para transbordar a los que se suponía necesitados de auxilio, pero en vez de

Historia de un Incendio

los dos muchachos que los tripulantes habían visto desde a bordo, sólo encontraron al niño, porque Cirilo desapareció por voluntad de su compañero, que disipó la densa materia en que lo había envuelto para darle transitoriamente un cuerpo material, y era, por lo tanto, invisible en aquel entonces a los ojos de los allí presentes.

Los que iban en el vaporcito rebuscaron cuidadosamente por todas partes, sin hallar rastro del otro niño, de lo que dedujeron que debía haberse caído al agua ahogándose en el mismo instante de acercarse el vapor al bote. El niño salvado se desmayó tan pronto como se vio a bordo, así que no fue posible obtener de él en aquellos instantes noticia alguna. Cuando volvió en sí solo atinó a decir que había visto al otro niño en el momento de acercarse el vapor, pero que ya no recordaba nada más de lo ocurrido en aquellos instantes.

El vapor estaba fletado para un paraje distante a dos días de travesía de allí y pasó una semana antes de que el niño pudiera ser devuelto a sus padres, quienes lo creían abrasado en el incendio, pues aunque el compañero de Cirilo trató de sugerirles la idea de que el niño estaba a salvo, le fue imposible lograrlo. Por lo tanto, cabe imaginar la inmensa alegría que el reencuentro les produjo.

El niño vive todavía sano y dichoso, sin cansarse nunca de relatar su maravillosa aventura.

Muchas veces ha mostrado pesadumbre convencido de que su amable salvador había perecido misteriosamente en el preciso momento de esquivar todo peligro. Sin embargo, de cuando en cuando le asaltaba la idea de que tal vez no murió en aquella aciaga circunstancia, sino que bien pudo ser algún hermoso príncipe; pero, naturalmente, esta idea sólo arranca una sonrisa de tolerante superioridad en sus padres.

El eslabón kármico entre el niño y su salvador aún no ha sido descubierto; mas sin duda debe haber alguno.

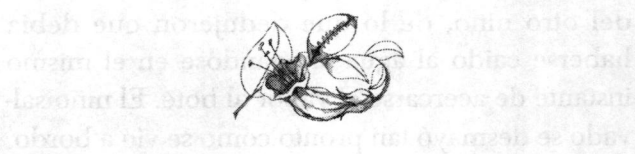

Materialización y Repercusión

Capítulo Nueve

Ante un caso como el referido, los estudiantes preguntarán tal vez si el protector invisible permanece enteramente inmune en medio de tan violentos peligros; si, por ejemplo, el niño materializado con objeto de salvar de las llamas a otro, no se arriesgó también al daño; o si su cuerpo físico hubiera sufrido de algún modo por la repercusión en caso de que la forma materializada atravesara las llamas o cayera desde el alero por el cual caminaban tan descuidadamente. En una palabra: sabiendo que en muchos casos el ligamen entre una forma materializada y su cuerpo físico es suficientemente fuerte para determinar una repercusión, ¿no hubiera podido ocurrir en este caso?

Ahora bien: lo referente a la repercusión es tan sumamente difícil y abstruso, que no podemos explicar satisfactoriamente sus extraños fenómenos, porque para comprender perfectamente este asunto, sería tal vez necesario conocer las leyes de vibración simpática en más de un plano. No obstante, conocemos por observación algunas de las condiciones en que se realiza y otras que la impiden por completo, con lo que creo no engañarme al asegurar que la repercusión fue de todo punto imposible en el caso del incendio.

Para convencernos de ello, recordemos que por lo menos hay tres variedades perfectamente diferenciables de materialización, según sabe todo aquel que tenga alguna práctica de psiquismo.

No trato de entrar en este momento en explicaciones de cómo se producen respectivamente dichas variedades, pero haré constar simplemente su indudable existencia, y por consiguiente conviene saber:

1° La materialización tangible y no visible a los ojos físicos. A esta variedad corresponden las manos invisibles que tan a menudo cogen por el brazo, acarician o abofetean a los asistentes a las sesiones espiritistas, o que golpean las mesas y cambian los objetos de sitio, aunque estas dos últimas clases de fenómenos pueden tener fácil efecto sin necesidad de manos materializadas.

2° La materialización visible y no tangible; por ejemplo, las formas espectrales o fantasmas a cuyo través pasa la mano de un hombre como a través del aire. En algunos casos esta variedad es evidentemente vaporosa e impalpable, pero en otros adquiere formas tan normales que no dudamos de su consistencia sólida hasta que tratamos de asirla.

3° La materialización perfecta, a la vez visible y tangible, que no sólo aparece con realidad corporal y fisionómica, sino que nos habla y estrecha la mano con la voz y la presión por nosotros conocida.

Ahora bien: si por una parte tenemos gran número de pruebas demostrativas de que la repercusión ocurre bajo determinadas circunstancias en los casos de la tercera variedad de materialización, no es menos cierto que también puede ocurrir en las dos primeras. En el caso del niño protector es probable que la materialización no correspondiese a la tercera variedad, pues siempre se tiene exquisito cuidado de no gastar más fuerza de la absolutamente precisa para obtener el resultado apetecido, y es evidente que se necesitará menos energía en la producción de las formas parciales que hemos comprendido en las dos primeras variedades.

Lo más probable es que sólo fuese sensible al tacto el brazo con que el materializado niño sostenía a su pequeño compañero, y que el resto de su cuerpo, aunque perfectamente visible a los ojos físicos, hubiera sido mucho menos palpable si alguien intentara tocarlo.

Pero además de esta probabilidad debemos considerar otro aspecto. Cuando se produce la perfecta materialización, ya esté el materializado vivo o muerto, de uno u otro modo ha de condensarse la materia necesaria para ello. En una sesión espiritista se obtiene esta materia actuando sostenidamente sobre el doble etéreo del médium y aun algunas veces sobre su mismo cuerpo físico, y de aquí los casos en que el peso corporal menguó considerablemente mientras tenía efecto la manifestación mediúmnica.

Las entidades directoras de las sesiones emplean este método, sencillamente porque cuando algún buen médium se somete a su acción, es el más fácil procedimiento de materialización, resultando en consecuencia que por la estrecha relación así establecida entre el médium y el cuerpo materializado, ocurren los fenómenos con toda claridad, muy imperfectamente conocidos todavía, que llamamos de repercusión. Por ejemplo, si se embadurnan de greda las manos del cuerpo materializado, resultarán también embadurnadas las manos del médium, aunque éste haya estado durante toda la prueba cuidadosamente encerrado en un cuarto con toda clase de precauciones para impedir totalmente cualquier superchería. Si el cuerpo materializado recibe un golpe o una herida, repercuten exactamente en la correspondiente parte del médium; y algunas veces, como sucedió en un caso de mi personal experiencia, si el cuerpo materializado se alimenta de algún manjar, éste se encuentra después en las vías digestivas del médium.

Sin embargo, el hecho ocurrió de muy distinta manera en el caso que anteriormente describimos. Cirilo estaba a miles de kilómetros de su cuerpo físico dormido, y por lo tanto, le hubiera sido imposible a su compañero mayor

MATERIALIZACIÓN Y REPERCUSIÓN

sustraerle materia etérea, aunque las reglas bajo las que actúan los discípulos de los Maestros de Sabiduría no prohibieran hacer tal cosa en cualquier cuerpo que sea. Además, sería completamente innecesario, porque los protectores, cuando les parece que con la materialización van a lograr su intento, emplean constantemente otro procedimiento muchísimo menos peligroso. Ello consiste en condensar el éter del ambiente circundante o el mismo aire atmosférico que proporciona tanta cantidad de materia como el caso requiere. Este hecho escapa, sin duda, al poder de la mayoría de las entidades que se manifiestan en las sesiones espiritistas, pero no ofrece ninguna dificultad a los estudiantes de química oculta.

La diferencia entre los resultados obtenidos es muy notable. En el caso del médium tenemos una forma materializada, en las más estrecha conexión posible con el cuerpo físico, producida con materia de éste y capaz, por lo tanto, de determinar todos los fenómenos de repercusión. En el caso del protector tenemos verdaderamente una reproducción exacta del cuerpo físico, pero formada, por un esfuerzo mental, de materia completamente extraña a dicho cuerpo y, por lo tanto, no más susceptible de obrar sobre él por repercusión de lo que lo sería una estatua de mármol de la misma persona. Así pues, al atravesar las llamas o caer desde la ventana, el niño protector no se hubiera asustado ni dañado, como, según veremos más adelante, tampoco se atemorizó en cierta ocasión otro miembro de la fraternidad de protectores, que aunque materializado, fue capaz de sumergirse bajo las aguas en un naufragio sin detrimento ni el menor daño en su cuerpo físico.

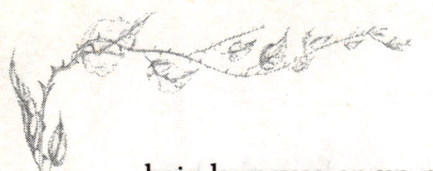

En los dos casos de intervención del niño Cirilo anteriormente mencionados, hemos advertido que era incapaz de materializarse por sí mismo, teniendo que realizar este acto su compañero mayor. Ahora vamos a relatar otra de sus intervenciones, en la que veremos cómo gracias a su intensidad de compasión y fuerza de voluntad llegó a ser capaz de mostrarse por sí mismo. Se podrá advertir alguna semejanza entre este caso y el ya referido de la madre cuyo amor la hizo capaz de manifestarse por sí misma para salvar de un inminente peligro la vida de sus hijos.

Por inexplicable que parezca, no cabe duda alguna de la existencia en la naturaleza de este prodigioso poder de la voluntad sobre la materia de todos los planos, hasta el punto de que con tal de que el poder sea suficientemente grande, producirá cualquier resultado deseado por su directa acción, aún en el caso de que quien lo ejerza no tenga ningún conocimiento ni ideas respecto al modo en que realiza su obra.

Nosotros hemos tenido copiosas pruebas de que este poder se ejerce sin dificultad y se sostiene muy bien en caso de materialización, aunque ordinariamente es un arte que debe aprenderse como otro cualquiera. Seguramente que un hombre común en el plano astral no logrará jamás materializarse sin aprendizaje previo, como cualquier hombre en el plano físico no podrá tocar el violín sin previo estudio; pero hay excepciones, como deduciremos del siguiente relato.

LOS DOS HERMANOS

Capítulo Diez

Pluma mucho más diestra que la mía relató este suceso en *The Teosophical Review* de noviembre de 1897, página 229, con una riqueza de pormenores que yo he de cercenar por falta de espacio. Quisiera remitir al lector a este relato, pues el mío sólo será un simple extracto tan conciso como lo permita la claridad. Los nombres de los personajes están cambiados, pero los incidentes conservan rigurosa exactitud. Los actores son dos hermanos, hijos de un propietario rural: Lorenzo, de catorce años, y Gualterio, de once. Ambos de complexión sana y tipo varonil sin ninguna cualidad física extraordinaria, a no ser un buen caudal de sangre celta. Tal vez lo más destacado en ellos era la intensa ternura que mutuamente se profesaban, hasta el punto de no ir jamás el uno sin el otro, adorando el menor al mayor con toda la vehemencia de su temprana edad.

Un día aciago cayó Lorenzo de la yegua que montaba, muriendo en el acto. A Gualterio le pareció desde entonces que el mundo había acabado para él, porque su hermano lo llenaba todo. Fue tan honda y terrible la pena del niño, que perdió el apetito y el sueño, no sabiendo ya su madre ni su niñera qué hacer para consolarlo, pues se mostraba sordo a toda persuasión y a toda reprimenda. Cuando le decían que la pena que sentía era absurda porque su hermano estaba en el cielo, él respondía sencillamente que no tenía la seguridad de que así fuese, y que aun siendo cierto, estaba convencido de que Lorenzo no podía ser feliz en el cielo sin él, como él no podía serlo en la tierra sin Lorenzo.

Ante esta duda el pobre niño se moría de pena, y lo más patético era que, sin que él se diese cuenta de ello, su hermano estaba constantemente a su lado, con plena conciencia de la pena que le afligía, y casi desalentado por el fracaso ante los repetidos intentos de tocarle o hablarle.

En esta deplorable situación estaban aún las cosas al tercer día de ocurrido el accidente, cuando, sin saber cómo, la atención de Cirilo se concentró en los dos hermanos. «Precisamente acababa de pasar por allí», dijo después Cirilo. Seguramente los Señores de la Compasión le condujeron al lugar de la escena. El pobre Gualterio yacía insomne y desolado por el recuerdo de las veces que su pobre hermano estuvo junto a él. Lorenzo, libre de las ligaduras de la carne, pudo ver y oír a Cirilo tan claramente, que lo primero que hizo éste fue dulcificarle la pena con su promesa de amistad y protección para ponerle en comunicación con su hermano.

Tan pronto como la mente del niño muerto quedó animada por la esperanza, Cirilo concentró su atención en el vivo, tratando con todas sus fuerzas de sugerirle la idea de que su hermano estaba junto a él, pero no muerto, sino vivo y amoroso como lo estaba antes. Sin embargo, Cirilo fracasó en los intentos, porque la pena ofuscaba tan intensamente el ánimo del pobre Gualterio, que ninguna sugestión podía disiparla, y el protector se dio cuenta de que no debía proseguir por aquel camino. Pero le conmovió tan profundamente aquel triste espectáculo, tan ardiente fue su simpatía y tan resuelta su determinación de protegerle de una u otra manera, por mucho que le costase, que sin saber cómo (y aun hoy mismo lo ignora) se vio capacitado para tocar y hablar al descorazonado niño.

Sin responder a las preguntas de Gualterio sobre quién era y cómo había llegado hasta allí, Cirilo abordó directamente la cuestión diciéndole que su hermano estaba junto a él tratando penosamente de hacerle oír sus repetidas revelaciones de que no había muerto de forma definitiva, sino que estaba vivo y anhelante de protegerle y confortarle. Gualterio se resistía a creer mostrándose reacio a la esperanza, pero vencidas al fin sus dudas por el insistente ahínco de Cirilo, exclamó: «¡Oh! Te creo porque eres bueno; pero si yo pudiera tan sólo ver a mi hermano, quedaría completamente convencido de lo que me dices, y si yo pudiese oír su voz, convenciéndome de que es feliz, nada me importaría no volverle a ver». Aunque era novel en su labor, Cirilo sabía que el deseo de Gualterio no era fácil de conceder, y así empezaba a manifestárselo con pesar, cuando sintió la presencia de un ser conocido de todos los protectores, quien sin pronunciar palabra le sugirió a Cirilo la idea de que en vez de lo que iba a decirle a Gualterio, le prometiese el cumplimiento del bien anhelado por su corazón. «Espera a que yo vuelva —dijo Cirilo—, y verás a tu hermano.» Dicho esto, desapareció.

La presencia del Maestro había revelado a Cirilo qué hacer y cómo hacerlo. Por esta razón se marchó en busca del compañero mayor que tan a menudo le había auxiliado en otras ocasiones. El compañero, atareado aún en su labor nocturna, al escuchar el apremiante llamamiento de Cirilo no vaciló ni un momento en acompañarle, y en pocos minutos llegaron junto a Gualterio. El pobre niño empezaba a creer que todo había sido un dulce sueño, cuando reapareció Cirilo, cuya presencia le infundió tan delicioso consuelo, que sólo contemplarlo le resultaba un hermoso espectáculo. Y todavía más hermosa fue la escena un momento después, cuando obediente a la voz del Maestro el compañero mayor materializó al ansioso Lorenzo, y vivo y muerto se contemplaron otra vez frente a frente.

La tristeza de los dos hermanos se trocó en inefable júbilo, declarándose mutuamente que ya nunca más podrían estar tristes, porque sabían que la muerte era impotente para separarlos. Ni siquiera decreció su gozo cuando Cirilo les manifestó cariñosamente, por sugestión del compañero mayor, que aquella prodigiosa entrevista corporal no podría repetirse, pero que diariamente, de sol a sol, Lorenzo estaría junto a Gualterio, aunque éste no le viese, y que cada noche Gualterio podría dejar su cuerpo físico para permanecer conscientemente una vez más junto a su hermano.

Al oír esto, el pobre y fatigado Gualterio se sumió en un profundo sueño para experimentar así la certeza de tan buena nueva, quedándose pasmado de la hasta entonces desconocida rapidez con que podían volar juntos él y su hermano de uno a otro lugar de los ya acostumbrados. Cirilo le previno solícitamente que con seguridad olvidaría la mayor parte de cuanto le aconteciese en su vida libre al despertar por las mañanas, pero por rara fortuna, Gualterio no olvidó como a muchos de nosotros nos sucede. Tal vez la viva emoción de gozo despertó las latentes facultades psíquicas tan peculiares en la raza celta, pero sea como fuere, no olvidó ni el más mínimo pormenor de lo que le había sucedido, y a la mañana siguiente irrumpió en la casa con tan maravilloso relato que parecía un enloquecido.

Sus padres creyeron que la tristeza había trastornado al niño, y como por la muerte de su hermano ahora era el heredero, comenzaron a vigilarlo prolongada y ansiosamente por si aparecían nuevos síntomas de locura que felizmente no se presentaron; sin embargo, todavía lo consideran un monomaníaco en este sentido, aunque creen firmemente que la desilusión le salvó la vida. A pesar de todo, su vieja nodriza, que es católica, cree firmemente cuanto asegura el niño, atribuyéndolo a que Jesús, que también fue Niño, se compadeció del apenado Gualterio y le envió un ángel para que le trajese a su hermano en prueba de que el amor es más poderoso que la muerte. ¡La gran verdad es que algunas veces las supersticiones populares se acercan mucho más a la verdad de las cosas que el escepticismo de las gentes cultas!

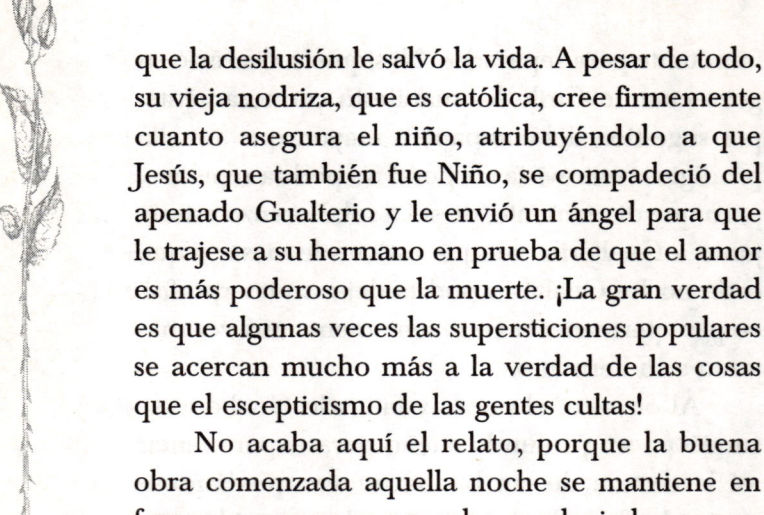

No acaba aquí el relato, porque la buena obra comenzada aquella noche se mantiene en franco progreso y no cabe predecir las consecuencias del acto. La conciencia astral de Gualterio, una vez enteramente despierta, permanece en actividad; cada mañana recuerda su cerebro físico las actividades nocturnas con su hermano, y cada noche encuentran los dos hermanos a su querido amigo Cirilo, de quien han aprendido mucho de lo relativo al admirable mundo nuevo abierto ante ellos y de los otros mundos más excelsos todavía. También bajo la dirección de Cirilo, tanto el hermano vivo como el muerto han llegado a ser laboriosos y diligentes miembros de la fraternidad de protectores, y probablemente, lo serán durante los años que tarde en desintegrarse el vigoroso cuerpo astral de Lorenzo. Muchos niños infelices habrán de quedar agradecidos a estos tres seres que tratan de comunicar a otros una parte del júbilo que ellos mismos recibieron.

Y no sólo el muerto sacó provecho de esta conversión, porque ambos buscaron y hallaron algunos otros niños vivos que tenían conciencia en el plano astral durante el sueño. Por último, cabe destacar que uno de aquellos a quienes ellos condujeron ante Cirilo, ha demostrado ya la valía de su afiliación a la cohorte infantil, teniendo además en Gualterio un cariñoso amigo en el plano físico.

Aquellos para quienes todas estas ideas son nuevas, hallarán algunas veces verdadera dificultad en comprender cómo es posible que los niños sirvan de algo en el plano astral. Porque al estar el cuerpo astral de un niño poco desarrollado y limitado el ego por la niñez, lo mismo que en el plano físico —dirán tal vez—, ¿cómo ese ego puede ser útil y capaz de propiciar progresivamente la evolución espiritual, mental y moral de la humanidad y que según ya sabemos, es la labor primordial de los protectores?

Cuando por vez primera se suscitó esta pregunta, poco después de la publicación de uno de estos sucesos en la *Revista Teosófica*, la transmití directamente a Cirilo para saber lo que opinaba, y su respuesta fue la siguiente:

«Es una gran verdad, según dice el autor de la pregunta, que yo no soy más que un niño, que sé muy poco todavía y que sería mucho más útil si hubiese aprendido más. Pero aun así soy capaz de hacer algo, porque hay un gran número de personas que aún no han estudiado nada de Teosofía, aunque sepan mucho más que yo sobre cualquier otra ciencia.

»Es de sentido común que cuando necesitamos ir a una parte, nos vale más un niño conocedor del camino que cien sabios ignorantes de él.»

A esto podemos añadir que cuando un niño despierta en el plano astral, se efectúa con tanta rapidez el crecimiento de su cuerpo correspondiente, que muy pronto alcanza un estado no muy inferior al del adulto despierto, quedando mucho más evolucionado en lo que concierne a su utilidad que el sabio todavía adormecido.

Pero a menos que el ego manifieste espontáneamente a través del cuerpo infantil la posesión de las precisas cualidades para determinar una disposición amorosa, claramente manifestada en vidas anteriores, ningún ocultista cargará con la grave responsabilidad de despertar a un niño en el plano astral. Sin embargo, cuando el karma permite la posibilidad de semejante despertar, los niños son a menudo los protectores más eficaces y se aplican a su tarea con admirable devoción. Así, se cumple una vez más la vieja profecía: «Los conducirá un niño».

Otra duda que suscita la lectura de este caso, es que si Cirilo fue de algún modo capaz de materializarse por su vehemente impulso de amor y compasión y por su fuerza de voluntad, ¿no es extraño que Lorenzo, con tan ardientes ansias de comunicación, no pudiese lograrlo?

La dificultad desaparece al considerar que la incapacidad de comunicarse es la normal condición del plano astral, y por eso fue Lorenzo incapaz de comunicarse con su hermano. Lo sorprendente es que Cirilo fuese capaz de materializarse por sí mismo, no que Lorenzo no lo fuese. Además, no sólo era más vigoroso el sentimiento de Cirilo, sino que sabía perfectamente lo que necesitaba hacer;

Los Dos Hermanos

sabía que la materialización era posible y tenía una idea general de cómo se realizaba, en tanto que Lorenzo nada sabía entonces de todo esto, por más que ahora ya lo sepa.

EVITANDO UN SUICIDIO

Capítulo Once

Cierta noche estaba yo trabajando en mi gabinete de Adyar algo más tarde de lo acostumbrado, cuando uno de nuestros jóvenes ayudantes vino en cuerpo astral a cumplir la orden que se le había dado de acompañarme en mi ronda nocturna. Le dije que me esperase durante unos breves minutos mientras terminaba el trabajo que tenía entre manos, y así fue que me esperó por los alrededores, planeando sobre la bahía de Bengala. Al ver pasar un vapor, descendió a cubierta por pura curiosidad según después dijo, e inmediatamente le llamó la atención una horrible aura gris de profunda depresión que se proyectaba a través de una puerta cerrada de un camarote. Fiel a las instrucciones recibidas, a la vista de tan angustiosa señal, procedió a ulteriores investigaciones, y al entrar en el camarote vio a un hombre que, sentado al borde de la litera pistola en mano, se llevaba el arma a la frente y enseguida la dejaba caer.

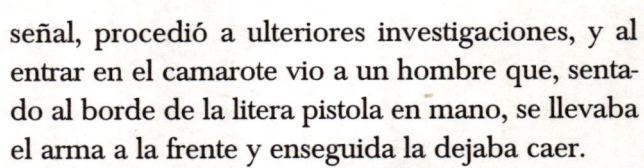

Comprendió el joven protector que algo debía hacer sin pérdida de tiempo: pero como novel en tal misión, no sabía de qué modo proceder para tener mayor eficacia, y así, regresó rápidamente a mi aposento, presa de viva agitación y gritando:

—Ven cuanto antes, porque hay un hombre que se quiere suicidar.

Interrumpí mi trabajo, dejé mi cuerpo físico en el sofá, y me fui con el joven al barco. Tan pronto como me hice cargo de las circunstancias, decidí contemporizar con el hombre, y como tenía que regresar para terminar la tarea interrumpida, infundí en la mente de aquel hombre la firmísima idea de que no era aquella hora la más oportuna para suicidarse, sino que debía esperar al relevo de la guardia de media noche cuando nadie le interrumpiría. Si yo hubiese tratado de sugerirle la idea de la maldad del suicidio, seguramente empezaría a refutarla sin darme tiempo a la réplica, pero instantáneamente aceptó la idea del aplazamiento.

Dejé al cuidado del asunto a mi joven ayudante, encargándole que me avisara en cuanto aquel hombre abriera el cajón en que yo le había inducido a guardar la pistola. Enseguida regresé a mi cuerpo físico y continué trabajando hasta llegar en mi tarea a un punto en que la podía suspender sin inconvenientes.

Evitando un Suicidio

Ya cerca de las doce de la noche volví junto a mi ayudante y lo encontré muy preocupado, aunque dijo que no había ocurrido nada de particular. El presunto suicida estaba todavía muy deprimido sin mudar de resolución.

Entonces indagué en su mente los motivos que le impulsaban a quitarse la vida y supe que era oficial de la tripulación, que había cometido en las cuentas un desfalco a punto de descubrirse al hacer la liquidación, y no tenía valor para sufrir las consecuencias de su delito. Había distraído el dinero para hacer fastuosos regalos a una muchacha con quien estaba enredado, y aunque la cantidad desfalcada no era muy elevada, no podía restituirla.

Me pareció un joven de buenos sentimientos y limpios antecedentes, sin otro defecto que su ciega pasión por la muchacha que le había arrastrado a tan extrema situación. Escruté rápidamente las circunstancias de su vida por ver si encontraba un punto en que apoyarme con el fin de disuadirle de su culpable determinación, y me di cuenta de que el pensamiento más poderoso para el caso era el de su anciana madre, a quien amaba con delirio y más que a nadie.

Me fue fácil sugerirle la imagen de su madre e inducirle a tomar un retrato que tenía de ella en el camarote, exhortándole a reflexionar sobre el tremendo disgusto que iba a causarle, no sólo por perderle en el plano físico, sino también por la terrible duda en que la sumiría el destino de su alma en el más allá.

Asimismo fue necesario discurrir la manera de sustraerlo del dilema en el que tan insensatamente se había colocado; y a tal fin, examiné al capitán del barco, que resultó ser un hombre de buen sentido y bondadoso corazón, por lo que me pareció factible conmoverlo.

En consecuencia, le sugerí al joven oficial la idea de que para evitar la tremenda aflicción que inevitablemente había de acarrear a su anciana madre el suicidio, debía arrostrar la contingencia de confesar el caso al capitán, y suplicarle que difiriese todo juicio con la promesa de restituir cuanto antes la cantidad desfalcada. Aquella noche, el joven oficial no podía abstraerse de tal pensamiento, yendo de un lado a otro sin terminar de decidirse; pero como los marinos siempre están alerta, no fue difícil arreglar las cosas de modo que el capitán apareciera en la puerta de su camarote en el momento oportuno para que el joven oficial al verle, se determinara a confesarle su falta. El capitán se portó como un padre y restituyó de su bolsillo la cantidad desfalcada, con la condición de írsela descontando mensualmente de la paga al oficial. Así se salvó una vida de prometedoras esperanzas.

EL NIÑO PERDIDO

Capítulo Doce

Para mostrar la diversidad de la obra astral que se nos depara, mencionaré otro caso en que intervino el mismo neófito pocos días después del relatado.

Cada operario astral tiene siempre entre manos cierto número de casos ordinarios que durante algún tiempo necesitan visitas nocturnas, de la misma forma que un médico visita diariamente a sus enfermos.

Así pues, cuando he de instruir a los novicios los llevo conmigo en las rondas nocturnas, y actúo como un médico cuando lleva consigo a un estudiante de medicina para que aprenda experimentalmente a tratar los casos clínicos. Por supuesto que se han de dar otras enseñanzas concretas, pues el principiante ha de pasar por las pruebas de la tierra, el agua, el aire y el fuego, y aprender mediante la práctica constante a distinguir entre las formas de pensamiento y los seres vivos, y cómo utilizar las 2.401 variedades de esencia elemental y materializarse o materializar a otros en caso de necesidad. Igualmente, ha de saber hacer frente a las mil eventualidades que a cada paso se presentan. Sobre todo, ha de aprender que nunca y en ninguna circunstancia debe perturbarse ni experimentar la más leve sombra de temor, por muy alarmantes y extraordinarias que sean las manifestaciones que puedan sobrevenir. La primera necesidad de un operario astral es permanecer siempre dueño de la situación sea cual sea ésta. También ha de estar henchido de amor y anheloso de auxiliar; pero yo no necesito enseñar estas cualidades, pues si el candidato no las posee, no lo pondrán a mi cuidado.

Una noche iba yo a visitar algunos de mis casos ordinarios, y pasaba por una pintoresca y montañosa comarca del país. Mis neófitos planeaban por los alrededores sin perder mi guía, de la misma forma que un perro de caza se adelanta y retorna y vuelve a adelantarse husmeando por varios rincones, recorriendo tres o cuatro veces el camino de su amo.

El joven novicio que pocos días antes había salvado la vida del oficial del buque, vino de pronto a decirme con su acostumbrada impetuosidad que había descubierto a un niño en el suelo, al parecer moribundo.

El Niño Perdido

La investigación no tardó en mostrar que se trataba de un niño de unos ocho años de edad, perdido en el fondo de una enorme caverna, lejos de la luz del día y aparentemente medio muerto de hambre, sed y desesperación.

El caso me recordó en parte al relatado en el capítulo VII, y parecía requerir el mismo tratamiento. Por lo tanto, materialicé a mi ayudante, que no era Cirilo sino un muchacho de otra raza. En este caso fue también necesario proveernos de luz, pues estábamos físicamente en completa obscuridad; y así, el niño medio desvanecido salió de su estupor al ver que otro muchacho se inclinaba sobre él con una refulgente linterna en la mano.

La primera y más apremiante necesidad era la de agua. Afortunadamente, no lejos de allí fluía un arroyuelo que el exhausto niño no había podido alcanzar. No teníamos vaso, aunque bien hubiéramos podido hacer uno; pero mi anheloso neófito no pensó en ello, sino que corrió hacia el arroyuelo y trajo un poco de agua en el hueco de las manos. El agua reanimó al niño hasta el punto de que pudo incorporarse y después de otros dos sorbos pronunció algunas palabras, diciendo que vivía en un valle cercano. Yo dejé al materializado ayudante al cuidado del niño para que no se sintiera abandonado, y me remonté a fin de inspeccionar el terreno por las inmediaciones, pero no encontré nada congruente con la descripción del niño. Volví entonces a su lado, le hice pensar en su casa para tener una imagen mental de ella y me remonté de nuevo con la imagen fotografiada en mi mente. Vi entonces la casa, aunque más lejos de lo que el niño había dicho. Había en ella varias personas a las que traté de impresionar relatando la angustia en que se hallaba el niño, pero no pude lograrlo, porque ninguna de ellas era receptiva en lo más mínimo. Estaban muy conturbadas por la ausencia del niño y habían ido en su busca con algunos vecinos, y quizá a causa de su preocupación no me era posible impresionarlos.

Probablemente, con mucha persistencia hubiera podido romper la barrera, pero como el estado del niño no consentía tanta demora, desistí de impresionarlos y miré en derredor en busca de algunos manjares que desmaterializar, pues como era la casa del niño, tenía derecho a ellos y no era hurto llevármelos. Apresuradamente tomé pan, queso y dos hermosas manzanas, y regresé de inmediato a la cueva, materializando de nuevo los manjares que mi neófito se encargó de proporcionar al hambriento niño. Éste no tardó en recobrarse y se comió hasta la última migaja de lo que yo había traído, y a pesar de ello aún pedía más. Yo temí que tras tan prolongado ayuno le hiciera daño más alimento, por lo que le insinué a mi ayudante que dijese que ya no había más y que era preciso sacarlo de la cueva.

A continuación le sugerí a mi neófito que le preguntara al niño cómo se había metido en aquella cueva. Respondió que merodeando por las colinas que rodean el valle donde está su casa, vio en la ladera una pequeña cueva de la cual no tenía noticia. Movido por la curiosidad se introdujo en ella; pero apenas había avanzado unos cuantos pasos, cuando repentinamente se hundió el suelo y cayó a una cueva mucho más vasta que se abría debajo de sus pies. El niño quedó sin sentido, y al volver en sí estaba tan oscuro que no distinguió el agujero por donde había caído.

Después inspeccionamos el paraje y dedujimos que fue extraño que al caer no se lastimara gravemente, pues la altura era considerable, pero tuvo suerte de caer sobre una masa de tierra blanda.

No fue posible sacarle de inmediato de la cueva porque las paredes eran lisas y verticales, y además, el niño había vagado durante dos días por la cueva, de modo que estaba bastante lejos de la entrada. Después de mucho discurrir, hallamos a no mucha distancia un riachuelo que iba a salir a la falda de la colina, y como el niño ya estaba totalmente recobrado por el alimento, pudo seguir por sus propios medios la margen de la corriente hasta la entrada de la cueva, que fue preciso ensanchar con las manos para dar paso al cuerpo del niño.

Era evidente que una vez al aire libre el niño podría orientarse en dirección a su casa, y al propio tiempo esperábamos influir en quienes lo buscaban para que viniesen en la misma dirección, de modo que nos pareció una favorable oportunidad para dejarlo solo.

El padre del niño tenía fijo en su mente el plan de explorar con minucioso orden aquellos contornos, y nuestras sugestiones no eran capaces de hacerle mudar de propósito; pero afortunadamente iba en el grupo de exploradores un perro muy impresionable, de modo que le infundimos la idea de que con la boca tirase de los pantalones de uno de los de la partida en dirección a donde estaba el niño, a fin de que el hombre pensase que algún motivo tendría el animal para ello. Así sucedió, y todos siguieron el instinto del perro. Cuando el niño estaba ya fuera de la cueva, los exploradores llegaban a la falda opuesta de la colina. Como es natural, el niño suplicó a su misterioso salvador que le acompañase hasta su casa, y arrimóse a él con conmovedora gratitud; pero mi neófito le dijo que no le era posible porque tenía otras ocupaciones, así que se limitó a llevar al niño a la cima de una loma desde donde pudo ver a los que venían en su busca. Un grito les llamó la atención, y entonces mi ayudante se despidió del niño para desmaterializarse casi de inmediato.

El niño nunca pudo sospechar que su salvador no fuese de carne y hueso. Cuando refirió el caso a sus padres y parientes, éstos se extrañaron de la presencia en tan solitario paraje de un casual forastero cuyo aspecto nada tenía de campesino. Así que en aquel caso era imposible aducir prueba alguna de intervención suprafísica.

HISTORIA DE IVY

Capítulo Trece

La heroína de esta historia, llamada Ivy, es uno de nuestros mejores operarios en el plano astral. Durante la vida terrena perteneció a uno de nuestros círculos del Loto, y su obra es un hermoso ejemplo del bien que tales círculos pueden hacer. Era una joven artista brillante, aficionada a la música, atleta y además muy hábil declamadora; pero sobre todo, extremadamente bondadosa, amable, afectuosa, y siempre dispuesta al auxilio ajeno por mucho que le costase. Todo el que tiene esta cualidad en el mundo físico, es un eficaz protector en el astral. Estoy seguro de que, de consentirlo su karma, su vida física hubiese sido ejemplar y provechosa, pero no se concibe que en tal caso hubiera hallado durante una larga vida la oportunidad de hacer ni la mínima parte del bien que ya hizo en el mundo astral desde su muerte física. No necesito entrar en pormenores. Baste decir que apenas contaba dieciocho años cuando murió en un naufragio. La encantadora Ivy se dirigió a Cirilo, que es su especial instructor, tan pronto como recobró la conciencia, e inmediatamente después de consolar a sus padres, parientes y amigos, solicitó que se la predispusiera para la ordinaria obra en el mundo astral.

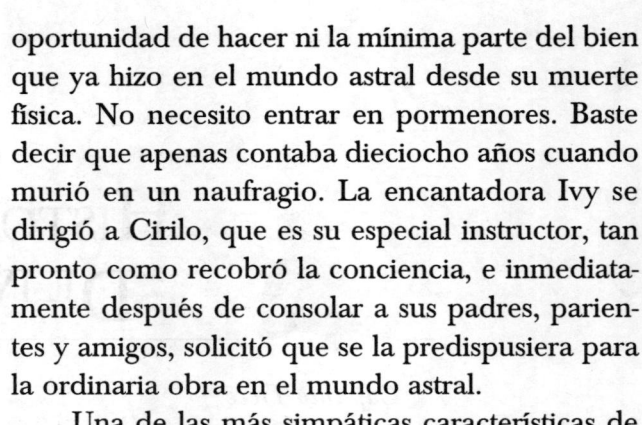

Una de las más simpáticas características de Ivy era que a pesar de su originalidad y candor, se mostraba humildísima respecto a sus cualidades, con el deseo de que se la enseñase exactamente a actuar, anhelosa de aprender y comprender.

Ivy siente un especial afecto por los niños, y su campo de acción se extiende particularmente a las muchachas de su edad y aun a las más jóvenes. Se ha interesado muchísimo en emitir formas de pensamiento para las gentes y ha logrado una excepcional maestría en esta especialidad. Cuida de los niños que tienen miedo por la noche y de otros a quienes les asaltan pensamientos de orgullo, envidia o sensualidad. Forja entonces la forma mental correspondiente al supremo tipo infantil y la envía a que actúe de ángel custodio del niño.

De cuando en cuando visita estas formas mentales para reavivarlas y mantenerlas en constante actuación. De este modo ha salvado a muchos niños.

Conozco un caso en que fue capaz de cortar una locura incipiente y otros dos en que gracias a su protección se evitó la muerte prematura, así como en otras oportunidades consiguió mejorar el carácter de sus protegidos. Es imposible encomiar todo lo que se merece la buena obra que ha realizado Ivy de este modo.

Otro de sus géneros de actividad interesará a quienes no hayan olvidado los días de la infancia.

Muchos niños viven constantemente en una especie de rosados ensueños, en los que se figuran héroes de sorprendentes aventuras y de escenas de gloria naval, militar o atlética, así como las niñas que se imaginan adoradas por una cohorte de caballeros y galanes, o se representan en su fértil y viva imaginación lujosamente ataviadas y en posición social de gran poder e influencia.

Ivy se complace en vivificar estos ensueños infantiles haciéndolos más reales, pero al propio tiempo transmutándolos de egoístas en altruistas, de suerte que los niños se imaginen bienhechores y protectores, y no piensen en lo que puedan recibir sino en lo que sean capaces de dar. Así, poco a poco, les va mejorando el carácter.

«Como un hombre piensa en su corazón, así es.» Esta sentencia conviene también a los niños. A aquel que conozca el enorme poder del pensamiento no le extrañará que éste actúe de tal forma en los niños durante sus años más impresionables.

No por ello descuidó Ivy las tareas ordinarias. Por ejemplo, una joven por quien yo me interesaba vivamente tenía que pasar la convalecencia de una grave enfermedad, y supliqué a Ivy que cuidara de ella.

Creo que la citada joven no tuvo ni una hora de tedio durante la convalecencia, porque Ivy le sugirió una incesante corriente de placenteros y embelesadores pensamientos. Le narró cuentos de graciosa amenidad, escenas de diferentes partes del mundo con comentarios explicativos, representaciones de seres vivos tanto físicos como astrales, melodías de sobrehumana dulzura, con muchas más inventivas de las que puedo recordar, con objeto de ayudarla a pasar agradable e instructivamente la convalecencia.

Pero toda esta descripción general de la obra de Ivy no es más que el preludio del caso que voy a relatar y que me parece que comprenderá mejor quien conozca a la persona protagonista del suceso.

Desde un principio, Ivy puso mucho empeño en este caso, de cuyo feliz éxito se complacía sobremanera.

Relataré brevemente y por orden cronológico lo sucedido, pues vino trastocado a mi conocimiento, porque primero me enteré de una aguda crisis correspondiente a la mitad del relato, y la primera parte, que vale por todo el resto, no la supe hasta algún tiempo después.

Parece que en una existencia pretérita nació Ivy en Roma también con cuerpo femenino, y tuvo una amiga de colegio a quien llamaremos Rosa. Las dos jóvenes se querían mucho y eran compañeras inseparables. Rosa era sorprendentemente bella, y apenas cumplidos los quince años intervino en su vida el inevitable enamorado. La excesiva confianza que en él puso la llevó a un vergonzoso extremo, y para ocultarlo huyó de su casa. Aunque Ivy deploraba vivamente lo sucedido, no abandonó a su amiga, la tuvo escondida por algún tiempo y le proporcionó el medio de salir de la ciudad. Sin embargo, parece que Rosa no escapó a las consecuencias de su equivocada confianza, pues cayó en malas manos y murió en miserable situación.

Rosa y su seductor habían vivido en una misma época de la edad media, sin ser coetáneos de Ivy, y reincidieron entonces en la misma falta que cometieron en Roma.

En la vida a que se refiere nuestro caso, Rosa nació posteriormente a Ivy y en distinta parte del mundo. Desgraciadamente era hija ilegítima, y su madre murió a poco de darla a luz. No sé si esta circunstancia de la ilegitimidad fue consecuencia kármica de su conducta en vidas anteriores, aunque parece lo más probable. La madre había tenido una historia muy triste, y la tía que recogió a Rosa nunca le pudo perdonar el haber sido, como ella suponía, causa de la muerte de su querida hermana. Además, la tía era una rígida puritana de la peor especie, por lo que cabe imaginar cuán desdichada sería la niñez de Rosa.

Un año antes de suceder lo que estoy relatando se interpuso en la vida de Rosa el mismo joven de la anterior encarnación, pero esta vez era un artista nómada, y ambos repitieron la consabida suerte. El seductor, aunque de carácter débil, no era el artero rufián que cabía esperar, y posiblemente esta vez se hubiese casado con ella, aunque no disponía de recursos para afrontar el matrimonio; pero sin discurrir sobre lo que hubiese sucedido, no tuvo ocasión de casarse porque murió de un accidente, y dejó a Rosa en estado comprometido.

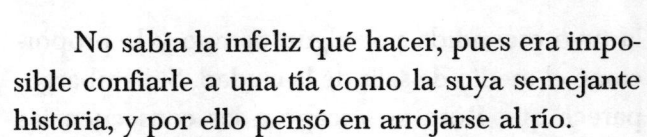

No sabía la infeliz qué hacer, pues era imposible confiarle a una tía como la suya semejante historia, y por ello pensó en arrojarse al río.

Con esta determinación salió un día de su casa, dejando escrita una carta para su tía en la que le comunicaba su propósito. El primer impulso la hizo sentarse a la orilla del río contemplando pensativamente el agua.

Se comprenderá que a estas alturas Ivy nada sabía de cuanto dejó referido; pero en aquel momento se presentó en cuerpo astral, al parecer casualmente, aunque yo no creo que en estas cosas haya nada casual.

Desde luego que no reconoció en Rosa a la queridísima amiga de dos mil años atrás, pero notó la terrible desesperación en que se hallaba y se sintió profundamente atraída hacia ella por un vivo sentimiento de piedad.

Conviene advertir que pocas semanas antes, en relación con otro asunto, yo le había enseñado a Ivy la manera de hipnotizar eficazmente, explicándole en qué casos era lícito emplear tal facultad. Así es que en aquel caso puso en práctica mis instrucciones e infundió en Rosa un profundo sueño que la dejó dormida a orillas del río.

Tan pronto como Rosa se desprendió del cuerpo físico, Ivy se presentó como una amiga afectuosísima, llena de contagiosa simpatía, hasta que al fin logró disuadirla de su intención de suicidarse. Ni una ni otra sabían qué partido tomar. Ante esta indecisión, Ivy decidió llevarse consigo a Rosa en busca de Cirilo, quien, como era de día, estaba en cuerpo físico, muy atareado en sus ocupaciones y poco dispuesto en aquel momento a la comunicación astral. En consecuencia, Ivy me trajo a Rosa y me refirió las circunstancias del caso.

Insinué que por de pronto Rosa debía volver a su casa, pero no fue posible persuadirla. Tan intenso horror le causaba la fría crueldad de su tía. No quedaba otro recurso que buscar trabajo en alguna parte, pues yo le hice renovar a Rosa la promesa de que no atentaría contra su vida. Pareció conformarse con arrostrar las dificultades de un nuevo género de existencia, y dijo que por dura que fuese la que esperaba no sería peor que la pasada en casa de su tía, y por lo tanto estaba resuelta a todo aunque se muriese de hambre. Ivy aprobó entusiasmada esta resolución y le prometió ayudarla, por más que entonces no me pareció claro lo que ella quería hacer.

En vista de que no había otro remedio, decidimos que Rosa regresase a su cuerpo físico. Afortunadamente, al despertar en la margen del río, recordó lo bastante aquello que le parecía un sueño para huir con horror del agua y encaminarse a la ciudad vecina.

Por supuesto que, como suele suceder en tales ocasiones, Rosa no disponía de mucho dinero, aunque sí del suficiente para encontrar aquella noche un alojamiento económico y tomar un sobrio refrigerio. Durante su sueño, Ivy la confortó alentándola y consolándola, mientras buscaba a alguien que pudiera ayudarla en el mundo físico. Por entonces estaba Cirilo en el mundo astral, e Ivy había logrado su cooperación. Entre ambos encontraron a una compasiva anciana que vivía con una sirvienta en una hermosa finca de los alrededores de una aldea distante de allí algunos kilómetros, de suerte que tras insistentes esfuerzos lograron que la anciana y Rosa soñaran una noche una con otra, de modo que al encontrarse en el mundo físico se manifestasen mutua simpatía.

A la mañana siguiente, Ivy dirigió los pasos de Rosa hacia la finca de la anciana; pero ya cerca de allí se rindió vencida por la fatiga, y como para entonces sólo le quedaban unos cuantos peniques, no sabia dónde ir ni qué hacer, pareciéndole que las esperanzas acariciadas durante el camino eran un puro sueño. Al fin, completamente agotada se dejó caer en la margen del camino, cavilando sobre su desgracia, y allí la encontró la anciana señora, que desde luego reconoció en ella a la joven con quien tan amorosamente había soñado. También reconoció Rosa a la anciana, y este mutuo reconocimiento fue para ambas una extraña y sorprendente experiencia que las alegró sobremanera.

La anciana se llevó consigo a Rosa a su finca, y de inmediato la joven refirió su historia, que conmovió y despertó una profunda simpatía en el corazón de la bondadosa anciana. Ésta ofreció refugio a Rosa en la finca, al menos hasta el esperado alumbramiento, y no es improbable que se decida a tomar en adopción a Rosa, pues Ivy trabaja en este sentido con esperanza de feliz éxito, pues cuando se propone algo, generalmente lo consigue.

Típicos casos ordinarios

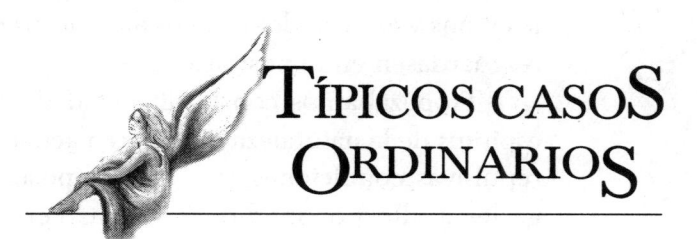

Capítulo Catorce

Un triste caso por el que no pudimos hacer mucho directamente fue el de aquellos tres pequeños, hijos de una madre alcohólica, que por los niños recibía una modesta pensión, y por lo tanto no fue posible inducirla a separarse de ellos de momento, aunque no les prestaba la mínima atención ni les profesaba el menor cariño. El mayor sólo tenía diez años y no podían ser peores las condiciones mentales, astrales y etéreas que los rodeaban. La madre estaba muy lejos del alcance de toda benéfica influencia, aunque se habían hecho muchos esfuerzos para despertar su naturaleza superior, y sólo pude dejar a uno de mis jóvenes ayudantes al lado de los niños para preservarlos pacientemente de las horribles formas mentales y las groseras entidades que se agrupaban apiñadas en torno de la tan degradada madre. Le enseñé a mi ayudante a formar una coraza que protegiese a los niños y a crear elementales artificiosos que los resguardasen en lo posible.

Tropezábamos con la dificultad de que los espíritus de la naturaleza no quieren actuar en tan repulsivas condiciones, y si bien es posible obligarles a ello por medio de ciertas ceremonias mágicas, reprueban este procedimiento cuantos actúan bajo los auspicios de la Gran Logia Blanca. Nosotros sólo aceptamos la cooperación voluntaria, y no podemos esperar que entidades del nivel en que se hallan los espíritus de la naturaleza, sean capaces de abnegarse hasta el extremo de trabajar voluntariamente en casos de esta índole, y en condiciones tan terribles para ellos. Es posible crear formas de pensamiento que actúen en cualquier tipo de condiciones, pero la inteligente cooperación de un espíritu de la naturaleza para que anime una forma de pensamiento sólo conviene cuando voluntariamente se presta a la obra.

Sin embargo, más tarde, algo adelantamos en el caso que nos ocupa. Nos esforzamos decididamente, tanto en el plano físico como en el astral, y los vimos coronados temporalmente con buen éxito. Los dos niños mayores ingresaron en un orfanato, y aunque la madre retuvo en un primer momento al menor, lo confió después al cuidado de unas piadosas vecinas que lograron reformarle el carácter con no poco trabajo.

Típicos Casos Ordinarios

Tenemos en la obra actual muchos casos en que es necesaria la incesante acción, es decir, que quien la toma a su cargo ha de estar continuamente junto al menesteroso que necesita auxilio, dispuesto siempre a prestárselo. Desde luego, los seres ocupados en la obra general de protección y auxilio no pueden dedicarse por entero a un caso particular, de ahí que confíen al necesitado a parientes capaces de cuidarlo y protegerlo.

Un sujeto recientemente fallecido, a quien uno de sus parientes me había suplicado que le auxiliase, estaba lastimosamente abatido y rodeado de una voluminosa nube de siniestros pensamientos en cuyo centro se consideraba impotente e irremediablemente desamparado. Su conducta no había sido en vida muy ejemplar que digamos, y había muchos a quienes había perjudicado, los que a su vez le enviaban pensamientos de vengativo rencor. Estas formas mentales atravesaban la nube de depresión y se adherían a aquel hombre como sanguijuelas que le chupaban la vitalidad, desvanecían toda esperanza y le abatían el ánimo, dejándolo sumido en la desesperación.

Le hablé tan alentadoramente como pude, diciéndole que si bien no se había portado en vida como hubiera sido su deber, y estaba justificada la animosidad que contra él sentían las víctimas de su maldad, era pernicioso e inútil entregarse a la desesperación. Le hice ver el daño que le causaba a su viuda con semejante depresión, pues los siniestros pensamientos que alimentaba repercutían en ella y la afligían miserablemente. Añadí que aunque era imposible deshacer el mal hecho, podían minimizarse sus efectos procurando vencer el disgusto que le habían acarreado sus malas acciones y contrarrestarlo con benévolos deseos en vez de ceder a las alternativas ráfagas de odio y desesperación que le conturbaban. El tema de mis exhortaciones se fundamentaba en que debía olvidarse de sí mismo y de sus aflicciones y pensar tan sólo en el efecto que su actitud producía en el ánimo de su viuda.

El pobre hombre siguió a medias mi consejo, pues aunque prometió intentarlo y seguramente lo intentó, comprendí que tenía pocas esperanzas de éxito o acaso ninguna, dado que se consideraba fracasado de antemano.

Le hablé claramente sobre todo esto, quebranté el cerco de depresión que le aprisionaba, disipé la densa nube que le envolvía, de modo que las siniestras formas mentales de aquellos a quienes había dañado no tuviesen tanta facilidad en aferrarle. De momento, pareció disfrutar entrañablemente con la imagen que le formé de su esposa, a quien muchísimo había amado, y me dijo:

—Mientras estáis aquí me creo capaz de vencer el abatimiento; pero en cuanto os marcháis me desanimo.

Le respondí que no tenía que desanimarse y que cada determinado esfuerzo para combatir el abatimiento le facilitaría el esfuerzo siguiente, pues era deber suyo no cejar hasta vencer aquella resistencia.

Tuve que marcharme a mis ocupaciones, pero dejé a uno de mis ayudantes encargado interinamente de aquel hombre para evitar que se apoderasen de él las siniestras formas mentales, pues comprendía que si esta obra se efectuaba con suficiente persistencia, podríamos llegar a un punto en que el hombre sería capaz de resistir por sí mismo y mantenerse firme en su postura, aunque a causa de su prolongado abatimiento tuviese al principio escasas fuerzas para sostener la lucha. Mi joven ayudante estuvo al cuidado de nuestro hombre durante dos o tres horas, hasta que los siniestros pensamientos fueron mucho menos frecuentes y el sujeto pudo hasta cierto punto resistirlos, de modo que el auxiliador creyó oportuno volver a mi lado.

Estaba a punto de regresar, dejando unos cuantos pensamientos vigorosos y alentadores en la mente del ya más tranquilo sujeto, cuando vio a una muchacha que en cuerpo astral huía aterrorizada de un trasgo con la convencional figura de un ogro. Rápidamente se interpuso en el camino, exclamando: «¿Qué es esto?» La temerosa muchacha se asió a él convulsivamente, señalando al duende que la perseguía. El joven protector dijo después que le había repugnado la visión del trasgo, pero que se sintió indignado por lo que le sucedía a la muchacha, y como había recibido instrucciones de que en casos semejantes era necesario hacer frente a las circunstancias, concentró toda su voluntad contra el ogro, quien se detuvo a cierta distancia haciendo contorsiones, y rechinando sus desaforados dientes para causar espanto.

Como quiera que la situación no llevaba trazas de cambiar, se impacientó el neófito, pero se le tenía vedada toda acción agresiva a no ser que se le diesen instrucciones concretas para ello, de suerte que al no saber qué hacer, vino a buscarme trayendo consigo a la amedrentada muchacha, pero moviéndose lenta, circunspectamente y mirando sin cesar al trasgo que los seguía incansable a corta distancia.

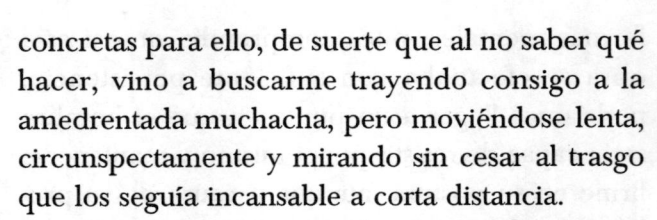

Cuando tuve tiempo de ocuparme del caso, investigué el asunto y descubrí que la pobre muchacha padecía con frecuencia de horribles pesadillas de las que su cuerpo físico despertaba convulso, dando penetrantes chillidos. La entidad perseguidora no era más que una forma de pensamiento temporalmente animada por un malicioso espíritu de la naturaleza de la peor especie, que gozaba despiadadamente con el terror de la muchacha, a quien le expliqué todas estas circunstancias. El indignado neófito prorrumpió en denuestos contra el espíritu de la naturaleza, llamándole maligno y malvado, pero yo le dije que el caso era parecido al del gato que juguetea con un ratón, y que las entidades de tan inferior estadio de evolución siguen sencillamente las propensiones de su involutiva naturaleza, y por lo tanto no se las podía llamar malvadas.

Al propio tiempo le dije a mi ayudante que tan engañosas apariencias no debían causar terror y sufrimiento a los seres humanos, y por lo tanto, le enseñé a dirigir la fuerza de su voluntad contra aquel espíritu de la naturaleza y a desalojarlo de su forma, que se desvanecería a impulso de su voluntad. La muchacha vio entre amedrentada y gozosa que el ogro desaparecía, y cabe la esperanza de que esta experiencia le infunda valor en el futuro y que su sueño sea menos agitado.

Típicos Casos Ordinarios

Hay en el mundo astral muchas formas de pensamiento de índole siniestra, y las peores de todas son las relacionadas con las falsas e insensatas creencias religiosas, como demonios de varias clases y divinidades coléricas. El ocultista puede fácilmente desvanecer tan imaginarias entidades, pues no son criaturas vivientes, sino sencillamente creaciones pasajeras sin vida propia.

Un caso bastante interesante que ha llegado a mi conocimiento es el de un hermano y una hermana que se habían querido muchísimo en su juventud. Por desgracia, después se interpuso entre ellos una astuta mujer que avasalló al hermano y le indujo a desconfiar de su hermana, quien fundadamente recelaba de la advenediza y previno contra ella a su hermano. Éste, en vez de hacer caso del aviso, riñó con su hermana. La obcecación del hermano duró más de un año. Entretanto, la hermana se mantuvo apartada, pues la habían insultado gravemente y su dignidad no le permitía olvidar el agravio. Poco a poco el hermano fue descubriendo el verdadero carácter de aquella mujer, que durante tanto tiempo le había alucinado; y aunque ya no era posible ignorar su conducta, todavía estaba algo resentido con su hermana, creyendo que a no ser por su intromisión, su amante le hubiera permanecido fiel, razón por la cual no se reconcilió con la hermana a pesar de que ya no existían las causas que habían motivado aquel rompimiento.

En este caso, lo mejor que cabía hacer era destinar a la obra a dos protectores, uno al servicio de la hermana y otro al del hermano, y representarles sin cesar las escenas del tiempo pasado en que tan tierna y profundamente se amaban.

Después de enviarles estas corrientes mentales, les enseñé a mis ayudantes a emitir formas de pensamientos con las que podían proseguir alentándolos. Los dos hermanos no tenían la menor idea del auxilio que estaban recibiendo, y les parecía que espontáneamente pensaban el uno en el otro y recordaban los más minuciosos incidentes de su infancia y adolescencia. Durante algún tiempo predominó el amor propio, hasta que al fin el hermano respondió a las incesantes sugestiones y fue a ver a su hermana. Ésta, en contra de lo que recelaba, se alegró mucho de verle, sin aludir a su desavenencia. Se reconciliaron inmediatamente y es poco probable que en el futuro consientan que surja la más leve nubecilla entre ellos.

Naufragios y Catástrofes

Capítulo Quince

lgunas veces los miembros de la fraternidad de protectores pueden evitar inminentes y terribles catástrofes. En más de un caso, al hallarse el capitán de un buque fuera de rumbo, ya por alguna corriente desconocida o un error de cálculo, y en consecuencia expuesto a graves peligros, ha sido posible prevenir el naufragio mediante reiteradas sugestiones transmitiéndoles la idea del siniestro; y aunque generalmente este presentimiento nazca en el cerebro del capitán como una vaga intuición, si ésta persiste o renace pertinazmente, es casi seguro que no la desechará por vana y que tomará las precauciones pertinentes. En un caso, por ejemplo, en que el capitán de una embarcación estaba mucho más cerca de tierra de lo que suponía, sintió varias veces una incitación interna a echar la sonda, y aunque se resistió a la idea durante algún tiempo, considerándola innecesaria y absurda, por último ordenó casi instintivamente que la echaran. El resultado le sorprendió en efecto; y como al mismo tiempo pusiera el barco en aguante, manteniéndose cerca de la costa, vio a la mañana siguiente la inminencia de lo que hubiera podido ser un espantoso desastre.

Sin embargo, a menudo las catástrofes son de naturaleza kármica, y por lo tanto no es posible evitarlas, aunque tampoco debe suponerse que en semejantes casos esté de más todo auxilio. Puede suceder que la gente a quienes amenace el accidente estén destinadas a morir y no corresponda salvarlas de la muerte; pero en algunos casos puede también haber algún asidero preparado para ellos, cabiendo, por lo tanto, dispensarles protección después del tránsito. De todos modos, podemos establecer definitivamente que donde ocurra una gran catástrofe los damnificados recibirán especial protección.

Dos recientes ejemplos de esta protección nos ofrecen: el naufragio del vapor *The Drummond Castle* a la altura del cabo Ushant, y el terrible ciclón que asoló la ciudad americana de San Luis.

Ambas catástrofes fueron vaticinadas pocos minutos antes de ocurrir, y los protectores hicieron cuanto les fue posible para serenar los ánimos de los hombres, a fin de que, llegado el momento, no se trastornaran como les hubiera sucedido de otra manera.

Naturalmente, la mayor parte de la tarea a favor de las víctimas de ambas catástrofes fue realizada en el plano astral, luego de ocurrida la muerte física; pero de esto hablaremos más adelante.

Es triste confesar que cuando amenaza alguna catástrofe, los protectores quedan a menudo perturbados en su benéfica tarea por el terrible pánico de la gente, o, lo que es todavía peor, por la alienada embriaguez de aquellos a quienes tratan de auxiliar. Algún buque naufragó estando toda la tripulación ebria y, por consiguiente, incapaz de aprovechar auxilio alguno ni antes ni hasta mucho tiempo después de la muerte.

Si alguna vez nos halláramos en peligro inminente y a nuestro parecer inevitable, acordémonos de que el auxilio está cerca y que de nosotros mismos depende facilitar u obstaculizar la tarea del protector invisible. Si arrostramos con sereno valor el peligro, convencidos de que no puede afectar a nuestro verdadero ser, abriremos nuestra mente a la inspiración que los protectores tratan de infundirnos.

Esto es lo mejor para nosotros, tanto cuando intentan salvarnos de la muerte, como cuando, no siendo ello posible, pueden conducirnos seguramente a través del oscuro túnel y pasar más allá de la muerte.

Esta última clase de protección es tan frecuente en casos de accidentes individuales como en el de catástrofes colectivas. Para demostrarlo bastará un ejemplo. Durante una de las grandes tormentas que hace pocos años devastaron las costas británicas, una barca pescadora fue sorprendida por el temporal en alta mar. Sólo iban a bordo un viejo pescador y un muchacho, logrando el primero con sus maniobras evitar durante algunos minutos el vuelco de la barca. No vislumbraba la posibilidad de socorro humano, y aun de haberlo no hubiera sido posible que nadie lo prestase en medio de tan horrorosa tormenta. El pescador comprendió que no había salvación posible y que la muerte era cosa de pocos momentos. Esta idea puso mayor espanto en su corazón, ya desfallecido por el terrible espectáculo de la soledad oceánica y por el recuerdo de su mujer y de sus hijos que, muerto él, quedarían en la más penosa miseria.

Nuestra Presidenta, que por entonces pasaba por allí, al ver tal escena trató de consolarle; pero como la mente del viejo estaba perturbada por el terror, no pudo lograrlo, y así pensó aparecérsele con objeto de prestarle mejor auxilio. Al relatar después el caso, ella dijo que fue cosa admirable y sorprendente el cambio operado en el semblante del pescador al contemplar la fúlgida aparición que cobijaba la barca. Creyó que un ángel llegaba para consolarle en el supremo trance, y por ello tuvo la convicción de que no sólo le conduciría seguramente a través de las puertas de la muerte sino que su familia no quedaría desamparada. Cuando pocos momentos después sobrevino la muerte, su rostro ya no denotaba el terror y la ansiedad que previamente había experimentado, y al recobrar la conciencia en el plano astral y ver al *ángel* todavía junto a él, se sintió en comunidad con ella y se dispuso a recibir las advertencias concernientes a la nueva vida en que había entrado.

Algún tiempo después nuestra Presidenta se hizo cargo de una tarea de carácter análogo, cuya relación narró de la siguiente forma:

«Recordaréis aquel vapor que naufragó a causa de un ciclón a finales del pasado noviembre. Pues bien: acudí al camarote en donde estaban encerradas cerca de doce mujeres, hallándolas en la más deplorable situación entre gemidos y lamentos arrancados por el terror. El buque hacía agua, siendo el naufragio inevitable, y el estado de alienado terror de aquellas mujeres era pésima condición para el tránsito de una a otra vida.

»A fin de sosegarlas me materialicé, y como es natural, creyendo que era un ángel, se prosternaron ante mí rogándome que las salvara. Una de ellas puso a su pequeñuelo en mis brazos, pidiéndome con fervorosa súplica que al menos salvase la vida de aquel inocente. Al oírme, se apaciguaron poco a poco, quedóse el niño sonriente dormido, y sugiriéndoles la idea del cielo, fueron cayendo en pacífico sueño, de tal modo que no despertaron al hundirse el buque. Yo me sumergí con ellas para mantenerlas dormidas hasta el último momento y tratando de que no se percataran del cambio del sueño a la muerte.»

Evidentemente, los que recibieron tal auxilio en este caso, no sólo tuvieron la enorme ventaja de hallar una tranquila y llevadera muerte, sino también la todavía mayor complacencia de ser recibidos en el más allá por quien ya estaba dispuesto al amor y a la esperanza; por quien conoce perfectamente el nuevo mundo en que se hallaban, y no sólo pudo darles la seguridad de su salvación, sino aconsejarles cómo habían de ordenar sus vidas en aquellas circunstancias tan diversas.

Esto nos lleva a considerar uno de los más amplios e importantes aspectos de la tarea que tienen los protectores invisibles: la guía y el auxilio que son capaces de dar a los muertos.

LA ACCIÓN ENTRE LOS MUERTOS

Capítulo Dieciséis

Uno de los varios males procedentes de las absurdas doctrinas que sobre las condiciones posteriores a la muerte predominan, por desgracia, en nuestro mundo occidental, es que al dejar su envoltura física, los muertos quedan confusos, y a menudo muy hondamente aterrorizados. Sobre todo, al verse en un estado tan distinto del que por sus creencias religiosas esperaban.

La actitud mental de gran número de individuos fue explícitamente evidenciada hace poco por un general inglés que, tres días después de su muerte, encontró a uno de la fraternidad de protectores a quien había conocido en el mundo físico. Después de expresar su satisfacción por haber hallado finalmente con quién comunicarse, le dijo en tono inquisitivo: «Pero si estoy muerto, ¿dónde estoy? Porque si esto es el cielo no tengo la sensación de ello; si es el infierno, es mucho mejor de lo que esperaba».

Desgraciadamente, la mayoría de las personas tienen ideas menos filosóficas. Se les ha enseñado que todos los hombres, menos unos pocos que son sobrehumanamente buenos, están destinados al fuego eterno; y como un ligero examen de conciencia les convence de que no pertenecen a esta última categoría, quedan casi siempre presa de un descontrolado pánico, temiendo a cada momento que el nuevo mundo en que se hallan los arroje en las garras del demonio, en cuya existencia tan persistentemente se les enseñó a creer. En muchos casos transcurren largos períodos de torturas mentales antes de sentirse libres de la fatal influencia de la blasfema doctrina de las penas eternas, antes de que puedan convencerse de que el mundo no está sujeto al capricho de un horrible demonio que se ufana con las angustias humanas, sino regido por la benévola y maravillosamente paciente ley de la evolución, que si bien es absolutamente justa, ofrece de cuando en cuando a los hombres coyunturas de progreso con tal que sepan aprovecharlas en cualquier etapa de su evolución.

Para ser justos, debemos decir que la idea del demonio sólo tiene esta horrible forma en las comuniones protestantes. La gran iglesia católica romana, con su doctrina del purgatorio, se aproxima mucho al concepto del plano astral, y sus fieles devotos creen, de todos modos, que el estado en que se ven después de la muerte es únicamente temporal, y que tienen el deber de salir de él, tan pronto como sea posible, por la intensa aspiración espiritual, aceptando entretanto cualquier sufrimiento que les sobrevenga como necesario para purificarse de las imperfecciones de su carácter, antes de entrar en las excelsas y refulgentes regiones celestiales donde según su fe han de gozar de la eterna bienaventuranza.

Así, vemos que entre los recién fallecidos hay abundantísima tarea para los protectores, porque en la inmensa mayoría de los casos están necesitados de sosiego, seguridad, fortaleza y enseñanza. Tanto en el mundo astral como en el físico hay muchos que no están muy bien dispuestos a recibir consejos de quienes saben más que ellos, pero la novedad de las circunstancias que les rodean, vence la voluntad de muchos muertos para aceptar la guía de quienes están familiarizados con tales circunstancias, habiendo quedado así considerablemente acortada la estancia de muchos hombres en el plano astral, gracias a los ardientes esfuerzos de la fraternidad de infatigables operarios.

Por otra parte, hemos de tener en cuenta que los protectores no pueden, en modo alguno, entorpecer el karma de un muerto, porque éste se ha ido formando en vida un cuerpo astral de cierto grado de densidad, y hasta que este cuerpo no se desintegre le será imposible pasar al mundo celestial. Para ello es preciso que no prolongue con su incorrecta actitud la duración del período necesario para este proceso.

Todos los estudiantes de ocultismo comprenderán la verdad de que la duración de la vida astral de un hombre, después de abandonar el cuerpo físico, depende principalmente de dos condiciones: el finiquito de su pasada vida terrena y la disposición de su ánimo en el preciso momento y después del tránsito al que comúnmente llamamos muerte.

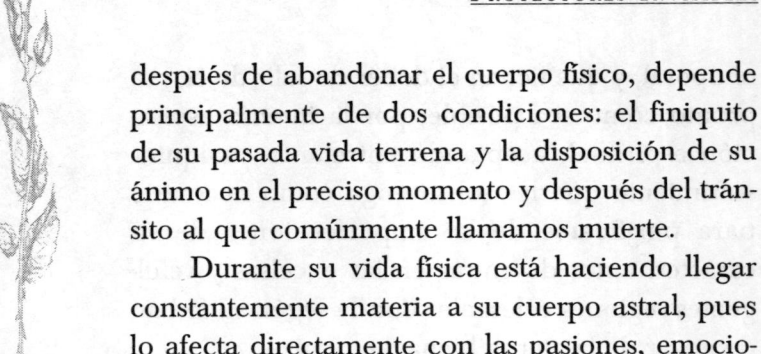

Durante su vida física está haciendo llegar constantemente materia a su cuerpo astral, pues lo afecta directamente con las pasiones, emociones y deseos cuya tiranía consiente; lo afecta indirecta y elevadamente por la acción de sus pensamientos; y también indirecta, aunque inferiormente, por los pormenores de su vida física, por su continencia o intemperancia, su pulcritud o suciedad, por sus alimentos y bebidas.

Si es pertinaz en la perversidad de cualquiera de esos vicios, y tan imbécil que se construya un grosero y tupido vehículo astral habituado a responder únicamente a las ínfimas vibraciones del plano, después de la muerte se hallará sujeto al subplano inferior del astral durante el largo y lento proceso de la desintegración de su cuerpo. Pero si con honesta y cuidadosa vida forma un vehículo compuesto principalmente de materia sutil, hallará después de la muerte mucha menos turbación y desconsuelo, siendo su evolución muchísimo más fácil y rápida.

Esta primera condición relativa al cuerpo astral se tiene generalmente en cuenta, pero a menudo se suele olvidar la segunda, esto es: la actitud mental después de la muerte. Lo importante para el hombre es comprender cómo está situado en este mínimo arco de su evolución; saber que propende interiormente hacia el plano de su verdadero yo y que, en consecuencia, debe alejar su pensamiento de las cosas terrenales y conducirlo cada vez con mayor ahínco a las espirituales contemplaciones que han de ocupar su vida en el mundo celestial. Así facilitará en gran medida la natural desintegración de su cuerpo astral, evitando el triste y frecuente error de mantenerse inútilmente en los niveles inferiores que fueron su transitoria residencia.

Muchos muertos retardan considerablemente el proceso de desintegración por la apasionada añoranza de la tierra que dejaron. No elevan su pensamiento hacia planos superiores, sino que se esfuerzan en mantenerse en contacto con el plano físico, perturbando así grandemente a quien trata de auxiliarlos. Siempre tuvieron para ellos un exclusivo interés los bienes terrenales, y así, aun después de la muerte, se aferran con desesperada tenacidad a ellos. Según pasa el tiempo hallan crecientes dificultades para mantener el deseo de las cosas terrenales; pero en vez de acoger y fomentar este proceso de gradual refinamiento y espiritualización, se resisten a él vigorosamente por todos los medios que tienen a su alcance.

Sin embargo, la potentísima fuerza de evolución es finalmente demasiado fuerte para ellos, y cuando se ven arrastrados por su benéfica corriente, aún luchan en cada etapa del camino, ocasionándose con ello no sólo multitud de inútiles penas y tristezas, sino también un deplorable retraso en la senda de su perfeccionamiento, prolongando casi indefinidamente su estancia en el plano astral. Los protectores emplean gran parte de su labor en convencerlos de que esta necia y nociva oposición a la voluntad cósmica es contraria a las leyes de la naturaleza; en persuadirlos de tomar una actitud mental diametralmente opuesta a aquella en la que tan engañosamente se mantienen.

Mucho más todavía pueden hacer los protectores en favor de quienes hayan estudiado estos asuntos y aprendido durante la vida terrena a dominarse. Según expuse en mis obras: *El Plano Astral* y *Más allá de la Muerte*, al morir el cuerpo físico se reordena el cuerpo astral en capas concéntricas por la acción del deseo, y esta circunstancia limita temporalmente la conciencia al subplano inferior. Sin embargo, el difunto no está forzado a someterse a dicha reordenación o reajuste, pues así como durante la vida física puede vencer los siniestros impulsos del deseo, así también puede vencerlos en la vida astral si se vale de su voluntad, es decir, que en su mano está resistirse al reordenamiento y restituir al cuerpo astral su prístina flexibilidad. Puede insistir en mantenerlo en la misma condición en que lo tenía durante la vida terrena, aunque de este modo prolongaría igualmente la lucha contra el elemento del deseo, ya que en la vida física el hombre lucha constantemente contra algún acusado deseo. Pero vale la pena hacer el esfuerzo, porque cuando por fin venza al deseo, podrá moverse libremente por todo el plano astral, con plena conciencia de todos los subplanos, así como aquel que todavía vivo en el mundo físico se desprende provisionalmente del cuerpo denso para actuar en el astral.

De esta suerte, no sólo puede abreviar considerablemente su vida astral, sino hacerla mucho más dichosa mientras dure. El que de este modo se libera está en disposición de proteger a los necesitados de auxilio, y si está suficientemente instruido puede ingresar en la cohorte de protectores y emprender con ellos las tareas ordinarias, de modo que sea útil a sus compañeros de vida astral y de paso acumule muy buen karma.

Otro motivo para resistirse contra la concentración de capas del cuerpo astral es que impide o al menos demora la reunión con los parientes y amigos. El cuerpo astral no tiene órganos sensoriales definidos como el cuerpo físico. La figura de materia astral más densa en el centro del ovoide del cuerpo astral, reproduce exactamente la configuración del cuerpo físico con todos sus pormenores, y aunque tiene apariencia de ojos no ve por ellos, y a pesar del tener oídos no oye por ellos. El cuerpo astral recibe a través de las partículas de su superficie las vibraciones que producen la equivalencia de lo que en el mundo físico se llama ver y oír.

El cuerpo astral contiene partículas de materia correspondientes a cada uno de los subplanos del mundo astral, pues cada una de dichas clases de materia astral sólo puede recibir las vibraciones sintonizadas con ella.

Durante la vida astral, todas las partículas del cuerpo astral están en constante y rápido movimiento de circulación, exactamente lo mismo que las burbujas del agua hirviente, de modo que siempre suben y bajan a la superficie partículas de cada subplano. Debido a ello, el hombre interno ve a cada momento las escenas y los habitantes de cualquier subplano. Si encuentra a algún amigo en el plano astral durante la noche, lo ve exactamente tal como es en cuerpo astral.

Pero si el individuo permite que el elemento del deseo reordene en capas concéntricas su cuerpo astral, sólo permanecerán en la superficie las partículas groseras correspondientes al ínfimo subplano en el que permanecerá recluido, y sólo percibirá las desagradables escenas de dicho subplano. Si encuentra a un amigo, sólo verá de él la parte grosera, sus siniestros defectos si los tiene; pero si el amigo dejó hace tiempo el plano físico y eliminó esas siniestras características, no podrá verlo en modo alguno.

Cuando un protector invisible deshace las capas concéntricas y restaura la circulación de partículas, el individuo recién desencarnado puede ver todo el plano astral y disfrutar de la compañía del amigo residente desde hace mucho tiempo en dicho plano. Por lo tanto se han de frustrar de todos modos los procedimientos del elemental.

Sucede en ocasiones que la voluntad de los muertos queda ligada a la tierra por la ansiedad que les ocasionan los deberes incumplidos o las deudas no satisfechas, pero más a menudo por el desamparo de la mujer y de los hijos. En tales casos, más de una vez ha sido necesario que antes de proseguir el muerto su camino en paz, el protector proveyese en representación suya a las necesidades del plano físico cuya satisfacción le conturbaba. Un ejemplo tomado de nuestras recientes experiencias dará mejor explicación de esto:

Un miembro de la fraternidad de protectores trataba de auxiliar a un pobre hombre que había muerto en una ciudad de Occidente, pero le era imposible substraerle al pensamiento de las cosas de la tierra, por la ansiedad que sentía respecto a sus hijos de corta edad a quienes había dejado desamparados. Como modesto labrador que había sido, no pudo legarles ahorros. Su mujer había muerto dos años antes, y la propietaria de las tierras, aunque en extremo compasiva y con voluntad de hacer algo en favor de los niños, no era lo suficientemente rica para adoptarlos, y muy a su pesar se veía obligada a internarlos en algún asilo. Ésta era la intensa pena del padre muerto, pues él no podía censurar el proceder de la propietaria y era al mismo tiempo incapaz de sugerir otro medio de ampararlos.

El protector le preguntó si no tenía algún pariente a quien confiar sus hijos, y el padre respondió que no conocía a ninguno, pues aunque tenía un hermano menor que en último extremo hubiera hecho ciertamente algo por ellos, hacía quince años que no sabía nada de él, ni siquiera si estaba vivo o muerto. La última vez que tuvo noticias suyas, se enteró de que trabajaba de aprendiz con un carpintero del norte. Le sabía un hombre honrado y estaba seguro que de vivir acudiría en ayuda de sus sobrinos.

Las circunstancias eran, en verdad, poco favorables; pero como desde allí parecía no haber otro recurso de protección para los niños, el protector creyó lo más conveniente realizar entretanto un esfuerzo especial para localizar al hombre. Tomando consigo al padre, comenzaron a indagar pacientemente sobre el paradero del hermano en la ciudad indicada. Después de mucho trabajo consiguieron encontrarle. Era ya maestro carpintero, con un floreciente negocio, casado, sin hijos, pero con ardientes deseos de tenerlos a su lado y, por lo tanto, muy indicado para aquella eventualidad.

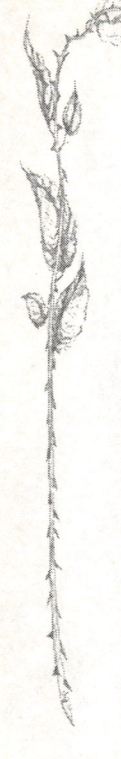

La cuestión consistía en cómo podría sugerírsele al hermano la idea de lo sucedido. Afortunadamente, vieron que era de temperamento tan impresionable que con facilidad se le podrían representar vivamente en sueños las circunstancias de la muerte de su hermano y el desamparo de sus sobrinos. Por tres veces consecutivas se le repitió la sugestión, indicándole con toda claridad el lugar del fallecimiento y aun el nombre de la propietaria de las tierras. El carpintero quedó hondamente impresionado por aquella vívida visión. Pronto la discutió ardientemente con su mujer, quien le aconsejó que escribiese al lugar indicado. Él no lo hizo así, sino que se sintió poderosamente inclinado a ir al lugar, para cerciorarse por sí mismo de que efectivamente había una casa como la contemplada en sueños, y en caso afirmativo, llamar a ella con cualquier excusa. Pero como era un hombre muy laborioso, convino finalmente en que no debía perder un día de trabajo por lo que en último extremo tal vez no fuera más que la quimera de un sueño.

Malograda la esperanza puesta en el envío de la carta, los protectores recurrieron al medio de que uno de ellos escribiese al carpintero detallándole las circunstancias de la muerte de su hermano y la orfandad de los niños, exactamente tales como las viera en sueños. Al recibir esta corroboración, el carpintero no vaciló un instante más. Al día siguiente se desplazó al lugar indicado, donde fue recibido con los brazos abiertos por la compasiva propietaria. A los protectores les había sido fácil conseguir que, dado el buen corazón de esta mujer, mantuviese con ella durante algunos días a los niños, en espera de una u otra solución. Y ella se congratulaba de haberlo hecho así. El carpintero adoptó a los niños, se los llevó consigo a su feliz hogar, y el padre muerto pudo, desvanecida su ansiedad, continuar tranquilamente su camino.

Desde que los autores teósofos consideraron como un deber hacer hincapié en los males acarreados por la influencia de las sesiones espiritistas, éstas sólo pueden admitirse de buena fe en determinadas ocasiones, cuando por la acción de un médium o de alguno de los asistentes, se realizaran obras de protección parecidas a la que acabamos de relatar. Por ello, aunque el espiritismo haya rezagado muy a menudo almas que sin semejante traba hubieran conseguido una más rápida liberación, debe reconocérsele el que haya proporcionado a otros medios de salida, abriéndoles la senda del perfeccionamiento. Hay ejemplos en que el difunto fue capaz de aparecerse por sí mismo a sus parientes o amigos y manifestarles sus deseos, pero estos casos son muy raros, y la mayor parte de las almas que están ligadas a la tierra por ansias de la especie descrita, sólo pueden valerse de los servicios de un médium o del protector consciente.

Otro caso muy frecuente en el plano astral es el de quienes no creen que han muerto. La mayor parte de ellos consideran el hecho de ser todavía conscientes como una prueba irrefutable de que no han traspasado los umbrales de la muerte. ¡En esto algo de sarcástico hay, si uno lo medita, respecto de las tan difundidas creencias sobre la inmortalidad del alma! Por mucho que hayan aparentado esta creencia durante su vida, la gran mayoría de los hombres demuestran al morir con semejante actitud que eran en todo solo intento y propósito materialista de corazón; y quienes así se llamaron lealmente en vida, no muestran tanta perplejidad en su actitud como otros que hubieran rechazado tal calificativo.

Un ejemplo reciente es el de un intelectual que, hallándose plenamente consciente y, no obstante, bajo condiciones radicalmente distintas de las que hasta entonces había experimentado, se creía aún con vida, aunque víctima de un prolongado y desagradable sueño. Por fortuna para él, entre los capaces de actuar en el plano astral estaba el hijo de un antiguo amigo suyo, un joven cuyo padre le había mandado ir en busca del hombre de ciencia y procurarle algún auxilio. Al hallarle y acercársele el joven, después de bastante trabajo, el intelectual confesó que efectivamente sentía un gran desconsuelo y embarazo, pero seguía aferrado a la suposición del sueño que daba como explicación de cuanto veía y sucedía, hasta el punto de creer que su visitante no era sino una visión. Por último, él mismo halló la forma de proponer una prueba fehaciente, y le dijo al joven: «Si como aseguras eres una persona viva y el hijo de mi antiguo amigo, tráeme de él algún mensaje que me pruebe tu objetiva realidad». Aunque bajo las ordinarias condiciones del plano físico ello esté rigurosamente prohibido a los discípulos del Maestro, parece que un caso de esta especie no ha de entrar en la regla, y por lo tanto, una vez seguros de que no había objeción alguna por parte de las altas autoridades, el padre fue exhortado a enviar un mensaje relatando varios sucesos ocurridos antes del nacimiento del hijo. Esto convenció al muerto de la existencia real de su joven amigo y, por lo tanto, de la realidad del plano en que ambos actuaban. Y ante tal convencimiento le confirmó su cultura científica, despertándole ardientes deseos de adquirir todas las noticias posibles de aquel nuevo mundo.

Sin embargo, el mensaje que tan fácilmente había aceptado como prueba, no lo era en realidad plena, porque los hechos allí referidos podían haber sido conocidos o leídos en el plano akásico por algún ser que poseyese la visión astral, pero su ignorancia de esta posibilidad determinó en él la convicción definitiva, y las enseñanzas teosóficas que su joven amigo le está dando ahora cada noche, producirán indudablemente un maravilloso efecto sobre su porvenir, porque no sólo modificarán hondamente el estado celeste que ha de abrirse inmediatamente ante él, sino que influirá también en su próxima encarnación en la tierra.

Así pues, la principal tarea que cumplen nuestros protectores respecto de los recién fallecidos es la de dulcificarlos, consolarlos y librarles, cuando es posible, del angustioso, aunque vano temor que a menudo les sobrecoge y no sólo les causa inútiles sufrimientos, sino que retrasa su progreso a superiores esferas; y por último, en cuanto sea posible, la de hacerlos capaces de comprender el porvenir que les aguarda.

Tomando mi propia obra como ejemplo, tengo gran número de individuos desencarnados a quienes visito cada noche, y constantemente se me presentan nuevos casos. Una de las peculiaridades de la obra con los desencarnados es que suelen ser tan asustadizos como niños en la obscuridad. Mientras una persona mayor está a la cabecera de la cama de un niño y le tiene dada la mano, no se queja y se muestra contento porque se cree seguro; pero en cuanto la persona mayor se marcha y lo deja a oscuras, vuelve a tener miedo, por lo que es preciso quedarse a su lado y tenerle de la mano hasta que se duerma.

Lo mismo se ha de hacer con muchos desencarnados. Algunas mujeres ancianas temen a cada instante que van a hundirse en el infierno y es preciso tranquilizarlas colocándome a su lado; pero en cuanto me marcho las sobrecoge de nuevo el temor y se figuran que yo era un demonio disfrazado. Así es que me porto con ellas como con los chiquillos y las dejo al cuidado de alguien.

Un novato en la obra astral, puede no saber qué partido tomar en circunstancias difíciles; pero bien puede permanecer junto a una anciana desencarnada, consolarla y facilitarle información sobre su nueva vida. No tiene más que continuar allí sin temor ni preocupación para infundir confianza y seguridad al desencarnado, pues si el protector denotara temor contagiaría al protegido.

Un considerable número de novicios actúan cada noche a las órdenes de un protector veterano. Supongamos que nos encontramos con una mujer en angustioso trance y yo le pregunto:

—¿Qué sucede? ¿Qué podemos hacer en tu favor? Dime lo que te pasa y te consolaré.

Después, le digo a uno de mis aprendices que permanezca un tiempo prudencial junto a la afligida, y enseguida voy a tratar otro caso, que igualmente confío provisionalmente a un novicio hasta ocuparlos a todos. Antes de emplear al último novicio, ya han vuelto algunos de los primeros, una vez cumplida su tarea. Así aprenden con el tiempo a obrar por su propia cuenta tan pronto como tienen completa confianza en sí mismos y pueden actuar cual expertos protectores.

Otros desencarnados que se angustian en el plano astral pueden también recibir mucha ayuda, si ellos la aceptan, así como explicaciones y avisos referentes a su camino en el transcurso de las distintas etapas. Se les puede, por ejemplo, prevenir del peligro y retraso provenientes de esperar algún tipo de comunicación con los vivos a través de un médium; y algunas veces, aunque raras, a una entidad ya introducida en un centro espiritista se la puede guiar a más alta y mejor vida.

Las enseñanzas así dadas a personas en este plano, no son en modo alguno inútiles, porque si bien la memoria de ellas no se conserva directamente en la próxima encarnación, siempre perdura como conocimiento íntimo y, por lo tanto, como enérgica predisposición a aceptarlas inmediatamente al oírlas otra vez en la nueva vida.

Un notable ejemplo del auxilio prestado a los reencarnados fue la primera actuación de un novicio, quien poco tiempo antes había perdido a su abuela, a quien amaba intensamente. Su primera misión consistió en ir en compañía de un protector ya experto a visitarla, con la esperanza de prestarle algún servicio. Así lo hicieron, y el encuentro del vivo con la desencarnada fue en extremo conmovedor. La vida astral de la anciana se acercaba a su fin, pero retardaba su inmediato progreso la condición de apatía, entorpecimiento e incertidumbre en que se hallaba.

Sin embargo, cuando el nieto disipó con los rayos de su amor la densa nube de depresión que envolvía a su abuela, ésta salió de su estupor y comprendió que su nieto había venido a explicarle la situación en que ella se hallaba y hacerle ver el esplendor de la más alta vida a que desde entonces debía aspirar. Convencida de ello la anciana, fue tan intenso el amor que sintió renacer hacia su joven protector, que rompió los últimos lazos que la ataban a la vida astral y esto la condujo a la superior conciencia celestial. Verdaderamente, no hay poder en el universo que supere al del puro y desinteresado amor.

LA OBRA EN LA GUERRA

Capítulo Diecisiete

Muchos han preguntado si la cohorte de protectores invisibles podía prestar algún servicio en tiempo de guerra. En efecto, los protectores actúan noblemente en tan calamitosos tiempos, y durante la Gran Guerra fue de incalculable utilidad su asistencia. En aquel período y con tal propósito aumentó el número de protectores, pues muchos que no pertenecen a los círculos teosóficos ofrecieron espontáneamente sus servicios, aunque jamás habían pensado en la posibilidad de realizar semejante obra. Extraordinarias en varios conceptos fueron las condiciones establecidas por la guerra mundial, pues millares de hombres, no sólo pasaban de golpe al mundo astral, sino que estos hombres eran jóvenes, fuertes, robustos y pertenecían a las razas más cultas del mundo. El que muere de viejo ha agotado casi su energía emocional y la que aún le queda es relativamente débil y fácil de dominar, por lo que no lo conturba gravemente; pero el que muere en la plenitud de su vigor, sano y robusto, tiene sus emociones en el punto culminante y es capaz de sufrir y gozar con igual intensidad, por lo que su vida astral ofrece un distinto problema que resolver.

¿En qué condición se hallan los que mueren tan repentinamente? Algunos permanecen bastante tiempo inconscientes del mundo que les rodea, a consecuencia del reajuste del cuerpo astral al que nos referimos en un capítulo anterior. Las partículas más groseras del cuerpo astral quedan en la superficie, de modo que el ego sólo es capaz de recibir y responder a las vibraciones sintonizadas con dicha clase de materia.

Quien observó en vida buena conducta no tuvo que utilizar materia astral grosera, pues las nobles emociones de amor, compasión, simpatía, devoción y patriotismo requieren partículas delicadas, mientras que las emociones de sensualidad, siniestras, odio, envidia y cólera utilizan las partículas groseras.

El hombre al morir no cambia repentinamente de condición, sino que recibe vibraciones a las cuales no estaba habituado, y como quiera que sólo puede percibir las congruentes con la superficie de su cuerpo astral, queda en consecuencia recluido en ese caparazón de materia densa y vive en una especie de rosado ensueño, dichosamente inconsciente de cuanto sucede en derredor, hasta que poco a poco se van eliminando las partículas groseras, y una vez eliminadas el ego despierta de su sueño en un subplano superior del mundo astral.

Otros no experimentan más que una momentánea inconsciencia al recibir el choque del proyectil que mata su cuerpo físico, y muy posteriormente se encuentran mucho mejor y más ligeros que antes, al verse libres del peso del cuerpo físico y de la presión atmosférica que gravita en un cómputo de cerca de dos toneladas sobre todo el cuerpo.

Como quiera que la presión atmosférica se ejerce en todos los sentidos, no nos damos cuenta de ella mientras estamos en el mundo físico, pero al pasar al astral nos percatamos de su pesadumbre.

Muchos de los que se hallan en esta otra condición se figuran que no han muerto y no quieren creerlo cuando se les dice. Suele haber alguno hasta que hace ademán de agarrar el fusil y al ver que no puede, le preguntará el por qué a un compañero vivo, quien como es natural no le ve ni le oye, y tampoco logrará su intento de tocar a cualquier amigo o conocido del plano físico.[1]

Así es que le dirá al protector: «Me aseguras que estoy muerto y sin embargo me siento más vivo que hace diez minutos».

1.- Cabe intercalar en este punto la observación de que si el recién desencarnado ve el fusil y a los combatientes aún vivos, ¿cómo no echa de ver el cadáver de su propio cuerpo físico, cuya presencia bastaría para disipar toda duda respecto a su situación? (N. del T.).

A veces se empeña en seguir combatiendo y es necesario explicarle su situación para tranquilizarlo. Cuando por fin reconoce su actual estado se muestra profundamente interesado al advertir que se le deparan toda suerte de nuevas oportunidades, pues si lo deseara podría ir a las líneas enemigas sin ser visto con deseo de comunicar sus observaciones, aunque rarísimas veces es posible lograrlo, porque si bien trataría de sugerir la idea en la mente de algún compañero, éste no haría caso por que pensaría que era una alucinación.

Algunos sentían una viva ansiedad por la suerte de su familia y otros deseaban aprender todo lo posible respecto de las nuevas condiciones en que se hallaban. La tarea del protector invisible consiste en satisfacer todas estas demandas, y la más frecuente es de enseñanza e instrucción, así que solemos darles a conocer las doctrinas teosóficas, no con intención de imponerles nuestras creencias sino porque son las únicas capaces de explicarles satisfactoriamente la condición en que se hallan. Una vez explicado el asunto, muchos combatientes desencarnados estuvieron en disposición de realizar su anhelo de hacer todo cuanto estaba a su alcance en favor de sus compañeros, ya fuera en el plano astral o en el físico, de modo que fueron muy diversas y útiles sus actividades.

No puedo describir aquí tan múltiples empresas y me limitaré a exponer unos cuantos ejemplos de la realizada en relación con la guerra por algunos miembros juveniles de la cohorte de protectores invisibles cuyas gestas hemos referido detalladamente en capítulos anteriores.

La Obra en la Guerra

El niño Cirilo del siglo pasado, que intervino en los casos del incendio y de los hermanos, vivió durante la Gran Guerra como oficial del ejército inglés, y por dos veces quedó gravemente herido y al fin fue hecho prisionero y enviado a un campo de concentración de Alemania, de donde pudo ser liberado con motivo de un trueque de prisioneros. Un joven novicio de la última promoción, entusiasta admirador de Cirilo, adoptó el mismo seudónimo, y de este segundo Cirilo voy a referir algunas hazañas.

Historia de Úrsula

En el transcurso de nuestra obra de protectores invisibles en el campo de batalla, encontramos a un capitán recién transferido al mundo astral, y a quien llamaremos Haroldo. Rápidamente asimiló cuantas enseñanzas se le dieron con respecto a la nueva vida en que se hallaba, y no tardó en sentirse tranquilo y dichoso, excepto en un punto que no se apartaba de su mente. Haroldo era el primogénito de su familia y tenía un hermano dos años menor que él. Los dos hermanos se habían querido siempre entrañablemente y aunque ambos se enamoraron de una misma joven, no por ello se entibió el cariño que se profesaban.

Haroldo y Úrsula se hicieron novios antes de la guerra, y aunque su hermano Julián también la amaba, supo reprimir sus sentimientos por lealtad a Haroldo.

Los dos hermanos se alistaron al estallar la guerra, pero Julián tuvo la desgracia de quedar gravemente herido e inútil para el servicio en uno de los primeros combates, por lo que volvió a su casa y estuvo en constante compañía de Úrsula, a quien amaba más que nunca. Pronto conoció la joven los sentimientos que animaban a Julián, y con gran consternación de su parte notó que su corazón se inclinaba también hacia Julián. Ni una palabra de amor se cruzó entre los dos jóvenes, avergonzados de su pasión, que consideraban como una felonía contra el ausente, quien nada sospechaba de tales sentimientos. Según pasaba el tiempo, crecía el desasosiego de Julián y Úrsula. Entretanto Haroldo, en las breves visitas que efectuaba a su casa, cuando estaba con licencia temporal, barruntaba que algo malo sucedía pero sin atinar a descubrir la verdad.

En esta situación halló la muerte Haroldo justo en el momento que conducía sus tropas a la victoria. El joven supo resignarse filosóficamente a su suerte sin otro pesar que el que suponía iban a sentir Julián y Úrsula por su pérdida. Con objeto de mitigarles la pena, hacía planes casi constantemente sobre ellos, y con la aguda intuición propia del mundo astral, no tardó en descubrir el hondo afecto existente entre ambos. Desde luego vio en este afecto una esperanza de alivio y consuelo para ellos, y ardientemente trató de fomentarlo, pero la preocupación que los embargaba los movió a interpretar erróneamente el bien intencionado propósito que la influencia de Haroldo les transmitía.

La Obra en la Guerra

Las frecuentes visitas astrales de Haroldo impresionaban la mente y el ánimo de Julián y Úrsula, y cuanto más insistentemente procuraba infundirles su imagen, tanto más se avergonzaban ellos de lo que les parecía una deslealtad a la memoria del muerto y más firmemente se empeñaban en resistir toda tentación. Úrsula hizo voto de permanecer soltera toda su vida en memoria del que fue su prometido. Entretanto, Haroldo se apenaba por la inexplicable repugnancia que aquellos a quienes tanto amaba mostraban en aceptar la solución para sus dificultades y que él tan ardientemente deseaba.

El joven Cirilo, a quien se le encomendó este caso, no tardó en comprender que mientras no se resolviese el asunto que tan preocupado le tenía, no era posible que Haroldo concentrara toda su atención en la vida astral, y así le acompañó a su casa solariega con objeto de ver si podía hacer algo para definir la situación. Encontraron a Julián y Úrsula que se paseaban por un bosque, alegres de verse juntos, pero con la pena de creerse culpables.

Cirilo intentó con todas sus fuerzas sugerirles la verdad del caso, pero no logró quebrantar sus mal adquiridas convicciones, pues aunque notaban la insistente sugestión de que Haroldo aprobaría su enlace, la consideraban como una ilusión nacida de su ilícito deseo. El joven protector, desesperado, recurrió a un veterano, cuyos esfuerzos también fueron vanos, hasta que al fin dijo:

Veo que todo esfuerzo será inútil a menos que les hablemos cara a cara. Si quieres materializarme espero convencerlos. El veterano protector accedió a ello, y al cabo de unos pocos minutos, un gallardo y vivaracho jovenzuelo se presentó a la pareja, diciéndoles:

—Traigo un mensaje de Haroldo, quien desea que os caséis y seáis felices, y os envía su amor y bendición.

Cabe imaginar cuán estupefactos se quedarían los dos jóvenes, que nunca se habían declarado su amor ni lo habían dejado traslucir a nadie. Estaban demasiado asombrados para resentirse en sus más recónditos sentimientos de aquella intrusión de un muchacho desconocido. Al cabo de poco tiempo, Úrsula balbució con entrecortada voz:

—¿Quién eres tú? ¿Qué pretendes darnos a entender al decir que vienes de parte de Haroldo? ¿No sabes que Haroldo ha muerto?

El muchacho replicó:

—Soy Cirilo; pero no se trata de mí, ni hay tiempo para dar explicaciones. Comprended lo que os digo y haced lo que desea Haroldo.

Entonces, como sabía que la materialización sólo es válida en casos de absoluta necesidad, les explicó rápidamente que la muerte no existe, y que Haroldo estaba allí junto a ellos en aquel momento, tan plenamente como nunca, consciente del amor que con tanto sigilo habían ocultado, y que lo aprobaba sin reservas, anheloso de que fueran felices.

Julián exclamó:

—¡Úrsula! Por mi alma que creo que esto es verdad. Lo siento, lo presiento.

Úrsula replicó rompiendo su reserva tan celosamente guardada:

—¡Oh! Si yo pudiera creerlo... Pero, ¿cómo tener la seguridad? Tú dices que Haroldo está aquí (dirigiéndose a Cirilo). Pues bien, muéstramelo por un momento, que me lo diga él y lo creeré.

Cirilo le preguntó a su instructor si era aquello posible, y al responderle que sí, apareció el espectro de Haroldo sonriente, y tomando la mano de Úrsula la enlazó suavemente con la de su asombrado hermano. Entonces levantó Haroldo la mano en la actitud de un sacerdote cuando bendice, y le conmovió el repentino pensamiento de que debajo de su túnica tenía un crucifijo de oro que sacó para entregárselo a Úrsula; pero antes de que la joven pudiera tomarlo la aparición de desvaneció. Cirilo le preguntó a su instructor si sería posible recobrar el crucifijo. El instructor se ausentó durante unos breves momentos, volviendo después con el crucifijo, que puso en manos de Cirilo, quien se lo entregó a Úrsula, diciendo:

—Mira, aquí está el crucifijo que Haroldo te quería ofrendar.

Los amantes permanecían con las manos entrelazadas prorrumpiendo en exclamaciones de intensa admiración. Al tomar Úrsula el crucifijo, exclamó:

—Al menos esto demuestra que no es un sueño, porque éste es el crucifijo que le di a Haroldo cuando se marchó a la guerra. Aquí están grabadas las iniciales.

Julián se recuperó instantáneamente, y tomando a Cirilo de la mano, le dijo:

—Todavía no te hemos dado las gracias. No sé quién eres ni comprendo en lo más mínimo todo esto; pero nos has prestado un servicio que no es posible pagar con nada. ¿Puedo demostrarte mi gratitud...?

En ese instante se adelantó Úrsula con intención de besar a Cirilo, quien se desmaterializó con la rapidez del rayo, de modo que los brazos de Úrsula cortaron el aire. No cabe duda de que la joven quedó tan sorprendida como desalentada; pero Julián halló la manera de consolarla, y probablemente en el futuro emplearían muchas horas en comentar la maravillosa experiencia que les acababa de suceder.

Julián sintió profundamente no haber tenido ocasión de agradecer al muchacho lo que había hecho por ellos, y manifestó el vivo deseo de que si Dios les daba sucesión, su primogénito se llamaría Cirilo en memoria de aquel día, a lo que ruborosamente asintió Úrsula.

Era natural que tan admirable suceso despertara en la joven un intenso interés por las condiciones de vida de ultratumba y de los fenómenos psíquicos en general. Cuando al día siguiente se le acercó astralmente Cirilo, creyó ver en aquella predisposición una coyuntura muy favorable para prestar buen servicio, y mientras ella paseaba por el bosque sin más compañía que la de un corpulento perro, obtuvo permiso para aparecerse materializado durante unos cuantos minutos para insinuarle el título de algunas obras teosóficas que más tarde ella adquirió.

Mucho se alegró Úrsula de volver a ver a Cirilo, aunque éste se mantuvo a respetuosa distancia, y es digno de destacar que aunque el perro se mostró al principio sorprendido y receloso, enseguida dio muestras del placer que le causaba la presencia del muchacho.

El testamento del oficial

Pocos días después me informó Cirilo de otro caso bastante interesante. Había encontrado a un oficial recién fallecido, muy preocupado acerca de la manera en que había dispuesto de sus bienes en el testamento. Su madre le había apremiado durante mucho tiempo para que se casara con una joven de holgada fortuna por la que no sentía ningún afecto, y él se alegró de tener que ingresar en filas para cumplir el servicio militar y diferir con este motivo una decisión que le repugnaba.

El oficial cayó gravemente herido, y durante su convalecencia se enamoró de una enfermera francesa, con quien contrajo matrimonio según las leyes de Francia, sin participar a su madre la noticia de la boda, por temor de suscitar su cólera al ver frustrado su proyecto, así como por lo mucho que le repugnaban los extranjeros. Creyó más oportuno tratar el asunto cuando, acabada la guerra, pudiera regresar a su casa con su esposa. Tenía la esperanza de que entretanto le naciera un hijo cuya presencia calmaría la irritación de la madre.

Pero la muerte había trastornado todos sus planes, pues al parecer intentaba salvar la vida de un soldado, cuando ambos quedaron mortalmente heridos y lejos del grueso del ejército y de las ambulancias sanitarias. El oficial moribundo hizo un supremo esfuerzo para redactar su testamento, pero dudaba que éste se pudiera encontrar después de su muerte, y aun en caso de encontrarlo, que cayese en buenas manos y que tuviese fuerza legal. Por fortuna, llevaba consigo una estilográfica sin otro papel que la última carta recibida de su esposa con la última carilla en blanco, en la que escribió el testamento tan rápidamente como pudo, pues comprendía que iba a morir.

Aunque con mucha fatiga y débil pulso, logró estampar su última voluntad, especificando que todos sus bienes pasaran a ser propiedad de su esposa, cuyas señas daba, y que aquel que encontrara el documento debía entregarlo al abogado del testador en Londres.

Una vez firmado, suplicó al también moribundo combatiente que junto a él yacía, que firmase como testigo. Al intentarlo, se le cayó la pluma de la mano apenas había trazado tres letras. En aquel instante exhalaron ambos el último aliento.

Nosotros le tranquilizamos diciéndole que seguramente quienes sepultaran los cadáveres encontrarían el testamento y cumplirían sus instrucciones; pero él se mostró dudoso, replicando que, en primer lugar, el paraje donde había muerto estaba muy apartado y nadie pasaría por allí, pues la línea de combate había retrocedido muchos kilómetros, y en segundo lugar, recelaba que la lluvia borrase el escrito, ya manchado de sangre; y por último, que aun en el caso de encontrar el testamento y que fuera legible, lo pudieran entregar con sus demás efectos a su madre en vez de al abogado. Su única esperanza era que el hijo que iba a dar a luz su esposa, demostrase cuando hombre la legitimidad de su nacimiento y se le reconociese su derecho a la propiedad de las fincas descritas en el testamento. Creía que en tales circunstancias bastaba un testamento hológrafo sin testigos. Averiguamos que por allí cerca se encontraba un antiguo amigo, que había sido condiscípulo del desencarnado, y después de inútiles tentativas para sugerirle la idea, pues se mostró impermeable a nuestra influencia, fue necesario materializar a Cirilo. Surgieron varias dificultades, pero fueron vencidas una tras otra, y acabamos por lograr que el amigo fuese al paraje donde yacía el cadáver del oficial y entregara el testamento al abogado. El oficial quedó tranquilo y ahora no le cabe duda de que se cumplirá su última voluntad.

Algunos casos menores

Nuestros noveles protectores han sido a veces capaces de actuar directamente por sí mismos en el plano físico. Así, tenemos que cuando los habitantes de las comarcas invadidas por los alemanes en la Gran Guerra huían de los invasores que entraban a sangre y fuego, nuestros novicios condujeron a cuatro fugitivos a una cueva que se abría en la margen de un río, donde se ocultaron hasta pasado el peligro, y acto seguido regresaron a su aldea y cooperaron a extinguir el incendio de una de las casas. Aquella noche durmieron allí y a la mañana siguiente se marcharon a una aldea vecina, librada del estrago.

Pocos días después, Cirilo salvó la vida de un niño y una niña, únicos supervivientes de una aldea asolada por el enemigo, pues habían logrado esconderse. Alejadas ya las tropas, ellos intentaron escapar sin ser vistos ocultándose entre las casas, pero un destacamento que maniobraba por allí les interceptó el paso. Cuando Cirilo los vio estaban de nuevo escondidos en un hoyo entre unos matorrales, en donde caían incesantemente los proyectiles enemigos. El hoyo resguardaba a los niños, pero los alemanes estaban en un bosque cercano y existía el riesgo de que al avanzar mataran a los niños. Durante mucho tiempo rugió sobre sus cabezas el fragor de la batalla. Una vez desalojados del bosque los alemanes, el combate se desplazó alrededor del hoyo y prosiguió toda la noche, de modo que los niños no osaban moverse. El frío arreciaba y hacía dos días que estaban sin comer. El niño se había despojado de sus ropas para abrigar a su hermanita. Los dos estaban casi extenuados, aunque al menos ella no tenía frío. En esta situación los vio Cirilo, quien se materializó para protegerlos, pero ellos no le entendieron sino que más bien se atemorizaron, pues no podían imaginar quién era ni cómo había llegado hasta allí. En consecuencia, Cirilo llamó a su instructor, quien se presentó ante ellos diciéndoles que no les causarían daño alguno. Cirilo reanimó al niño, y cuando ya lo tuvo recobrado, le dio un pedazo de pan y otro de embutido que encontró en la mochila de un soldado muerto. A pesar de su estado, el niño quiso que su hermanita comiese primero; mas por fortuna Cirilo halló otras provisiones en las mochilas de los muertos, de modo que hubo de sobra para los dos. Cuando ya estuvieron satisfechos, Cirilo los sacó del hoyo, y como no sabían qué camino era el menos peligroso, Cirilo se remontó en los aires para observar el campo de batalla y estudiar las probabilidades de salvamento, de suerte que, una vez calculadas, Cirilo los condujo a retaguardia de la línea de fuego, donde encontraron un destacamento francés que los puso al cuidado de una enfermera en el hospital de campaña. Afortunadamente, allí encontraron abrigada cama, y una familia caritativa los adoptó al saber que sus padres habían muerto a manos del enemigo.

En otra ocasión, una muchacha tenía que pasar por un puente muy largo para adquirir provisiones con las que aliviar a su madre y hermanitos medio muertos de hambre. Por todas partes había tropas, y era seguramente muy arriesgado el paso por el puente, pero como le era indispensable atravesarlo para socorrer a los suyos, arrostró el peligro. Sin embargo, al llegar a la mitad del puente, una multitud de enemigos derrotados emprendieron una desenfrenada carrera, perseguidos por los vencedores, que disparaban contra ellos.

Unos se atropellaban a otros y algunos caían empujados al río por encima del pretil. La pobre muchacha no tenía ninguna posibilidad de escapar y estaba en inminente peligro de que la derribaran al suelo y la pisoteasen los despavoridos fugitivos, cuando Cirilo se materializó instantáneamente y puso a la muchacha entre dos soportes al otro lado del pretil. Allí estuvo segura hasta que, pasado el tropel de fugitivos, consiguió trepar por el pretil y pudo proseguir su camino y llevar a cabo sin mayor dificultad su misericordioso propósito.

Cirilo no tardó en descubrir otro género de servicial actuación. La empresa consistía en salvar a los buques de las minas flotantes, influyendo en la mente del timonel. En cuerpo astral podía distinguir Cirilo una mina sin dificultad, y varias veces logró inducir a los timoneles a evitar el peligro. En un principio trató de infundir en la mente del timonel la idea de que había una mina sembrada en su rumbo, pero no le era posible lograrlo. Entonces pensó que mejor le infundiría la idea de torcer el rumbo al llegar cerca de la mina y enderezarlo una vez salvado el peligro. En este intento tuvo éxito. El timonel torcía el rumbo inconscientemente, como dormido y sin darse cuenta, y pasado el peligro le parecía que se había quedado dormido un breve instante y se asombraba de haber torcido el rumbo, que inmediatamente volvía a normalizar. En cierta ocasión, el oficial de guardia notó el cambio de rumbo y reprendió ásperamente al timonel, quien confuso lo rectificó; pero afortunadamente ya había pasado el peligro.

El éxito de Cirilo en este orden de actuación fue muy significativo, pues no es fácil inducir a un experimentado timonel a que altere el rumbo que le señaló el piloto.

En otra oportunidad, a Cirilo no le fue posible lograr que el timonel torciese el rumbo, y como el peligro era inminente, se materializó en una mano para mover la rueda. El timonel, al ver la mano, huyó enloquecido de terror, y entretanto, Cirilo apartó el buque de la mina. Pasado el peligro y la confusión producida por el arrebato inexplicable del timonel, el oficial de guardia se encargó de empuñar el timón. Todos creyeron que el timonel estaba beodo o que soñaba y se burlaron a su gusto de él, por más que aseguraba categóricamente haber visto una mano blanca que empuñaba la rueda y la movía con vigorosa presión. Aquella fue una curiosa historia de fantasmas, porque los marineros tienden a creer en cualquier cosa que les parece sobrenatural.

Ethan

Otro caso fue el del niño Ethan, cuyo padre murió en los primeros combates de la guerra y cuya madre había muerto cuando él era muy pequeño, de modo que, crecido al lado de su padre, se profesaban un intenso amor y más que como padre e hijo se trataban como amigos. Ethan sentía un profundo afecto por su padre, a pesar de que éste le reprendía severamente cuando era preciso.

Ethan comprendía siempre lo que su padre le enseñaba y ambos trataban a veces de asuntos que no suelen ser comunes en niños de ocho años. Existía entre los dos tan viva simpatía que no necesitaban hablar para saber lo que pensaban uno y otro.

Cuando el padre fue a la guerra, dejó a Ethan al cuidado de un primo suyo, mayor que él, de carácter dicharachero y de ronca voz, padre de una numerosa y turbulenta prole.

Esta familia se portaba muy cariñosamente con Ethan, aunque no le comprendían en lo más mínimo. Cuando murió el padre sintieron profundamente su muerte, con viva aunque zafia conmiseración. Ethan no fue en modo alguno el desdeñado huérfano de novela, pues sus parientes hicieron lo posible para consolarlo y pusieron mucho empeño en asegurarle la herencia de su padre. Ethan agradeció la buena intención de sus parientes, pero echaba de menos a su padre, sin que le consolase de su ausencia cuanto por él hacían los demás, de suerte que languidecía visiblemente y sus parientes ya no sabían qué hacer.

Por entonces, el padre trazaba planes ansiosamente desde el mundo astral en torno a su hijo, quien cada noche, al dejar su cuerpo físico, se reunía con su padre, como en otro tiempo, y su reencuentro era muy dichoso. Sin embargo, al despertar por la mañana, no recordaba claramente lo sucedido, aunque siempre barruntaba algo admirable y hermoso, por lo cual cada mañana tenía un breve momento de felicidad, para después sumirse en desolación y tristeza.

Al tratar de proteger al padre, la atención de Cirilo se fijó en aquel episodio de la tragedia, de tal modo que, intensificada su simpatía por Ethan, determinó hacer todo lo posible para salvarle de la funesta melancolía que minaba su vitalidad. Desde luego, era necesario hacerle recordar en conciencia vigílica su nocturna experiencia astral, pero todas las tentativas en este sentido fueron vanas, pues como no tenía la menor idea de ello, su mente estaba cerrada a toda posibilidad.

Sin embargo, en la vida astral, Cirilo supo conquistar la confianza de Ethan y llegaron a ser muy buenos amigos, pero no lograba infundir sus instrucciones en su cerebro físico, hasta que al fin, recurrió al heroico remedio de la materialización. Una mañana, al despertar Ethan, vio a su lado físicamente a Cirilo, quien le dijo:

—¿No me reconoces? ¿No recuerdas que hace un momento yo te tenía de una mano y de la otra tu padre?

—Sí, sí —exclamó Ethan vivamente excitado—. Pero ¿dónde está mi padre?

—Todavía te tiene de la mano, pero no puedes verlo con esos ojos. Yo puedo hacer que me veas durante un breve tiempo; pero no puedo hacer que *le* veas a él, aunque sí que notes el contacto de su mano.

—¡Lo noto! —dijo Ethan—. Conocería su mano entre todas las del mundo.

Cuando se estableció de esta manera una más clara relación, Ethan fue capaz de recordar todo cuanto su padre le había dicho. Al día siguiente, Cirilo pudo hacerle recordar la experiencia sin necesidad de materializarse. Cada mañana es más claro y completo el recuerdo de Ethan, y Cirilo se apresura a enseñar Teosofía al padre y al hijo.

Ethan es muy dichoso y rápidamente recobra la salud su cuerpo físico, aunque sus parientes no comprenden la causa del restablecimiento como no comprendieron la de su enfermedad, y Ethan nunca podrá explicarlas.

OTROS ASPECTOS DE LA TAREA

Capítulo Dieciocho

Al explicar ahora nuestra consideración de la obra realizada por los protectores entre los muertos y convirtiéndola a la que cumplen entre los vivos, indicaremos sucintamente algunos de sus aspectos, sin cuyo conocimiento quedaría incompleto el estudio de las tareas de nuestros invisibles protectores. Tareas que la mayoría de las veces son sugestiones de buenos pensamientos en las mentes de quienes están predispuestos a recibirlas. Pero expliquemos lo que esto significa para no dar motivo a error.

A un protector le sería perfectamente fácil (hasta un grado del todo increíble para quienes no comprenden el asunto prácticamente) dominar el intelecto de cualquier hombre vulgar y hacerle pensar lo que quisiere sin infundir la más leve sospecha de influencia extraña. Pero por admirable que fuese el resultado, es inadmisible semejante procedimiento, y todo lo más que se hace en este punto, es infundir el buen pensamiento en la mente del sujeto como uno entre los muchos que constantemente bullen en su cerebro. Del hombre depende exclusivamente acoger el pensamiento, apropiárselo y obrar de conformidad con él. Si ocurriese de otro modo, es evidente que toda la bondad kármica de la acción correspondería únicamente al protector, pues el sujeto hubiera sido sencillamente un instrumento y no un agente, lo cual no es lo que se desea.

La protección dispensada de este modo tiene variadísimos caracteres. El consuelo de los afligidos y de los sufrientes entraña el esfuerzo de conducir hacia la verdad a quienes la buscan ardientemente. Cuando un hombre medita ansiosamente sobre un problema espiritual o metafísico, es posible inspirarle la solución sin que se dé cuenta de que proviene de agentes exteriores.

A un discípulo se le puede emplear a menudo como agente de lo que con dificultad recibiría otro nombre más allá de una respuesta a una plegaria. Porque si bien cualquier ardiente deseo espiritual que podamos suponer que halle su expresión en la súplica, es por sí mismo una fuerza que automáticamente produce ciertos resultados, también es verdad que semejante esfuerzo espiritual da pie a la influencia del Poder de Dios, de la cual no tarda en tomar ventaja. Y algunas veces la voluntad de un protector abre el canal por donde su energía puede derramarse. Lo que decimos de la súplica puede aplicarse también a las prolongadas meditaciones de quienes son capaces de mantenerlas.

Además de este procedimiento generalizado de protección, hay otros especiales que pocos reciben. De vez en cuando algunos protectores especializados para ello, han sido destinados a sugerir verdaderas y hermosas ideas a los escritores, poetas, artistas y músicos; pero como fácilmente se comprenderá, no todos los protectores sirven para este peculiar objeto.

Algunas veces, aunque muy raramente, es posible advertir a un hombre del peligro que para su progreso moral entraña el camino que sigue; o bien apartarle de las maléficas influencias de tal lugar o persona; o también conjurar las maquinaciones de la magia negra.

No es frecuente que las personas extrañas al círculo de los estudiantes de ocultismo reciban instrucciones directas acerca de las grandes verdades de la naturaleza, pero en ocasiones puede hacerse algo en este sentido representando ante la mente de los oradores y maestros un más amplio caudal de ideas o un más abierto punto de vista sobre alguna cuestión que hubieran tratado de distinta manera.

Hay otra aplicación importantísima de este método de sugestión mental, aunque por su índole sólo esta al alcance de los más adelantados individuos de la cohorte de protectores.

Así como a cualquier persona se le puede ayudar en el mundo físico en sus dificultades personales y darle consejo y consuelo en cuestiones que sólo afectan al reducido círculo de sus amigos y parientes, así también es posible sugerir respetuosamente algunas ideas a quienes tienen poder, autoridad y responsabilidad en los mundos de la política y la religión, como a los reyes y ministros, a los prelados y dignatarios de las iglesias, a los sabios y eruditos en ciencia mundana cuyas palabras pueden influir en millares de personas. Si estas sugestiones se aceptan y se concretan en actos, pueden llegar a beneficiar a naciones enteras y contribuir positivamente al progreso del mundo.

Conviene recordar que tras la barahúnda de codicia y egoísmo que parece dominar por doquier, actúa la ordenada evolución de una potente jerarquía de insignes Adeptos que constituyen el gobierno interno del mundo, bajo la jefatura del Supremo Iniciador, del Rey espiritual que representa en la Tierra al Logos de nuestro sistema solar. Lenta, muy lentamente dirige su omnisciencia el irresistible flujo de la incesante evolución, aunque sus particulares oleadas se levanten y decaigan, avancen y retrocedan para luego avanzar con renovado ímpetu hasta que se cumpla el plan divino y la tierra rebose de la gloria de Dios como las aguas cubren el mar.

Guiada por esta Jerarquía, lleva a cabo su obra nuestra cohorte de protectores, y cuando un estudiante de ocultismo avanza en el sendero, entra en una más amplia esfera de actividad.

En vez de proteger únicamente a individuos, aprende cómo puede auxiliar a clases, naciones y razas enteras, y se

Otros Aspectos de la Tarea

ve estimulado por una gradual y creciente participación en las elevadas y más importantes tareas de los Adeptos. Según adquiere la necesaria fuerza y los exigidos conocimientos, comienza a manejar las potentes fuerzas del akasa y de la luz astral, y se le enseña a hacer el mejor uso posible de cada favorable influencia cíclica.

Se le pone en relación con aquellos grandes Nirmánakáyas simbolizados algunas veces como Piedras del Muro Protector y llega a formar parte (muy modestamente al principio) de la cohorte de sus auxiliadores y aprende cómo están dispersas aquellas fuerzas que son el fruto de su sacrificio sublime. Así se eleva gradualmente a más y más excelsas alturas, hasta que floreciendo por fin en el Adeptado, es capaz de asumir toda su parte de la responsabilidad que recae sobre los Maestros de Sabiduría y auxiliar a otros en el camino que él ya ha recorrido.

En el plano devakánico la tarea es algo distinta, puesto que las enseñanzas pueden darse y recibirse de un modo mucho más rápido, directo y completo, a causa de que las influencias puestas en movimiento son infinitamente más poderosas por actuar en un nivel mucho más elevado. Pero también allí (aunque sea inútil entrar ahora en pormenores sobre ello, por ser tan pocos entre nosotros los capaces de actuar conscientemente en ese plano durante la vida) e incluso más arriba todavía, hay siempre mucha labor por realizar, siempre y cuando seamos capaces de realizarla; y ciertamente no hay temor alguno de que por innumerables eones que transcurran nos hallemos sin un camino abierto de abnegada utilidad ante nosotros.

CUALIDADES NECESARIAS

Capítulo Diecinueve

De qué modo —preguntará alguien— podemos hacernos capaces de participar en esta gran obra? No hay ningún misterio respecto de las cualidades que ha de reunir quien aspire a contarse entre la legión de protectores; pero la dificultad no está en saber cuáles son esas cualidades, sino en desarrollarlas en uno mismo. Ya las hemos descrito de pasada con cierta profundidad; mas conviene, no obstante, establecerlas categóricamente, a saber:

1.ª *Sencillez mental.* — El primer requisito es el de reconocer cuán grande es la tarea que los Maestros han de encargarnos, y que ha de ser para nosotros la ocupación preferente de nuestras vidas. Debemos aprender a distinguir no sólo entre las tareas útiles y las inútiles, sino entre los diferentes órdenes de tareas provechosas, a fin de que cada cual se dedique a la más elevada de que sea capaz sin perder el tiempo en lo que, a pesar de ser bueno para quien no sabe nada mejor, es indigno del conocimiento y de la capacidad que hemos de tener como teósofos. El hombre que aspire a la consideración de candidato para empleos en más altos planos ha de comenzar por hacer en el mundo terrenal cuanto pueda en lo concerniente a la labor definida por la Teosofía.

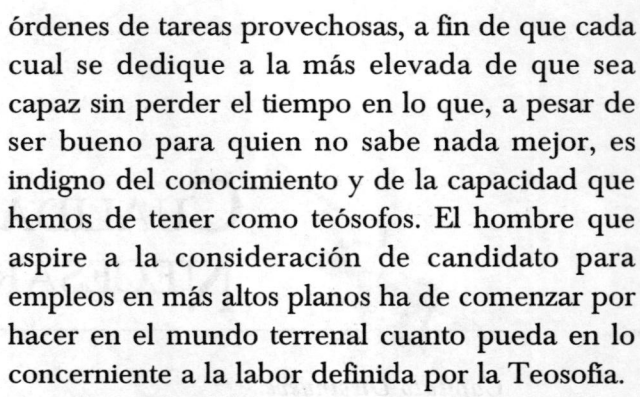

Es evidente que esto no significa en modo alguno que hayamos de omitir los ordinarios deberes de la vida. Haremos seguramente muy bien en no contraer nuevos deberes mundanos de ninguna clase, pero no tenemos derecho a desatender aquellos a los que ya estamos sujetos por obligación kármica. A menos que no hayamos cumplido plenamente todos los deberes que el karma nos ha impuesto, no quedaremos libres para emprender la elevada tarea que, sin embargo, debe ser para nosotros el único objeto realmente digno de la vida, y el constante trasfondo de una existencia consagrada al servicio de los Maestros de la Compasión.

2.ª *Perfecto dominio de sí mismo.* — Antes de que se nos puedan confiar seguramente los amplios poderes de la vida astral, debemos dominarnos perfectamente a nosotros mismos. Hemos de dominar completamente nuestro temperamento, de modo que nada de lo que veamos u oigamos pueda encolerizarnos, porque las consecuencias de semejante cólera serían mucho más graves en aquel plano que en el físico. La fuerza del pensamiento es siempre enorme,

Cualidades Necesarias

pero aquí en el plano terrenal, queda reducida y amortiguada por las pesadas partículas cerebrales que pone en movimiento. En el mundo astral dicha fuerza es más libre y poderosa, y si allí un hombre tuviese plena facultad de sentir cólera contra otro, esto le acarrearía un grave e inmensurable daño.

No sólo necesitamos dominar el carácter, sino también los nervios, a fin de que ninguna de las fantásticas o terribles visiones con que nos encontremos sean capaz de quebrantar nuestro intrépido valor. Debemos recordar que el discípulo que despierta a un hombre en el plano astral asume, por lo mismo, cierta cuantía de responsabilidad por sus acciones y por su seguridad, de modo que a no ser que su neófito tenga el valor de estar solo, el discípulo habrá de emplear la mayor parte del tiempo en acompañarle y protegerle, lo cual podría ser manifiestamente inconveniente.

A fin de asegurar este dominio sobre los nervios y averiguar si es idóneo para el trabajo que se le ha de confiar, el candidato ha sido siempre sometido, así en nuestros días como antiguamente, a sufrir las pruebas de la tierra, del agua, del aire y del fuego.

En otros términos: el discípulo ha de saber con absoluta certidumbre que no llega con teorías sino con práctica experiencia; y que en su cuerpo astral ninguno de aquellos elementos físicos puede afectarle ni ser obstáculo a su paso, que nada puede obstruirle el camino de las tareas que ha de emprender.

Protectores Invisibles

En el cuerpo físico estamos plenamente convencidos de que el fuego puede quemarnos y el agua ahogarnos; que las montañas y rocas, como cuerpos sólidos, constituyen un infranqueable obstáculo a nuestro avance; y que no podemos lanzarnos a la atmósfera sin apoyo. Tan profundamente arraigada está en nosotros esa convicción, que a la mayor parte de los hombres les cuesta muchísimo trabajo sobreponerse a la instintiva acción que de ella se sigue, y experimentar que al cuerpo astral no le detienen en su libre movimiento los más espesos muros; que pueden arrojarse impunemente desde las más abruptas montañas, sumirse con la más absoluta confianza en las entrañas de los más impetuosos volcanes o en los más tenebrosos abismos del insondable océano. Así, hasta que un hombre conoce esto lo bastante para obrar instintiva y confiadamente, es relativamente inútil para las tareas astrales, pues las eventualidades que continuamente se presentan en aquel plano, lo paralizarían perpetuamente con imaginarias impotencias. Mas después de pasar por las pruebas y otras extrañas experiencias, arrostra con serena tranquilidad las más terroríficas apariciones y los más repugnantes ambientes, demostrando, en efecto, que no será traicionado por sus nervios, cualesquiera que sean las circunstancias en que se halle.

Por otra parte, necesitamos dominar la mente y el ánimo. La mente, porque sin el poder de concentración sería imposible realizar una buena labor entre las engañosas corrientes del plano astral; el ánimo, porque en aquel extraño mundo, desear es casi siempre poseer, y a menos

CUALIDADES NECESARIAS

que esté bien regida esta parte de nuestra naturaleza, podríamos hallarnos tal vez con creaciones de nuestro deseo de las cuales nos avergonzaríamos profundamente.

3.ª *Tranquilidad.*– Otra importante condición es la carencia de toda clase de desaliento o depresión de ánimo. Gran parte de la tarea consiste en fortalecer a los afligidos, en consolar a los tristes; y ¿cómo podrá un protector realizar esta obra si su propia aura vibra en incesante conturbación o abatimiento o está entenebrecida por la intensa melancolía dimanante del desaliento? Nada es más desesperadamente fatal para el progreso y utilidad espiritual, que la costumbre habitual de apesadumbrarnos sin cesar por bagatelas, la eterna manía de convertir los montículos en montañas. Muchos malgastan neciamente la vida en abultar las más absurdas pequeñeces labrando penosamente su propia miseria.

Sin duda, los teósofos debemos a toda costa llegar más allá de semejante estado de insano abatimiento y fútil desánimo. Sobre todo nosotros, que tratamos de adquirir el definitivo conocimiento del orden cósmico, debemos comprender plenamente que la visión optimista de todas las cosas está siempre más cerca del pensamiento divino y por lo tanto de la verdad, pues sólo lo que es bueno y hermoso tiene la posibilidad de ser permanente, mientras que el mal ha de ser transitorio por su propia naturaleza. En efecto, como dice Browning: «el mal es finito, vacuo; es el silencio que significa sonido, mientras que encima y más allá, el alma de las cosas es dulce, el corazón del Ser es celestial descanso». Aquellos que saben mantenerse en imperturbable calma combinan con su perfecta simpatía la gozosa serenidad que proviene de la certidumbre de que toda aspiración ha de quedar al fin cumplida. Y aquellos que desean ser protectores deben aprender a seguir su ejemplo.

4.ª *Conocimiento.* – El hombre para ser útil debe tener por lo menos algún conocimiento de la naturaleza del plano en que ha de actuar, y será por lo tanto más útil quien de una u otra forma posea mayores conocimientos. Debe hacerse apto para esta tarea estudiando cuidadosamente todo cuanto está escrito sobre el particular en la bibliografía teosófica, porque no ha de esperar que quienes tienen ya el tiempo enteramente ocupado, malgasten parte de él en explicarle lo que pudo aprender en el plano físico sin más esfuerzo que leer los libros. Nadie que no sea tan ardiente estudiante como su capacidad y ocasiones permitan, ha de suponerse candidato para las tareas astrales.

5.ª *Altruismo.* – Parece ocioso insistir en esta cualidad, porque seguramente cuantos hayan estudiado algo de Teosofía deben saber que mientras quede en el hombre la más leve mancha de egoísmo, no será digno de que se le confíen poderes superiores ni estará en disposición de emprender una obra suya cuya esencia consiste en olvidarse de sí mismo en beneficio del prójimo. Quien todavía sea capaz de albergar pensamientos egoístas y cuya personalidad tenga suficiente vigor para desistir de la obra por sentimientos de vanidad o sugestiones del amor propio herido, no estará dispuesto a transmitir la altruista devoción del protector.

6.ª *Amor.* – Es la última y mayor de las cualidades y también la menos comprendida. De un modo más enfático: no es el fácil y presuntuoso sentimentalismo superficial que, siempre flotante en vagas vulgaridades y burbujeantes generalidades, mantiene el hombre discreto por miedo a que el ignorante lo tilde de falta de fraternidad.

Hemos de desear aquel amor lo bastante poderoso para no caer en la jactancia; el intenso deseo de ser útil, que siempre vislumbra ocasiones de prestar servicios aunque prefiera hacerlo anónimamente; el sentimiento nacido en el corazón de quien desea conocer la gran obra del Logos, y habiéndola visto una vez, se convence de que para él no puede haber en los tres mundos más aspiración que la de identificarse con esa obra en el mayor grado posible para llegar a ser, aunque en modesta proporción y a gran distancia, un pequeño canal de aquel portentoso amor divino que, como la paz de Dios, excede a la comprensión del hombre.

Éstas son las cualidades que el protector debe esforzarse incesantemente en alcanzar, y que en grado suficiente debe reunir antes de que los Seres superiores lo juzguen apto para el completo despertar.

Sublime es en verdad el ideal, pero nadie ha de retroceder descorazonado ni pensar que, mientras luche por acceder a él, deba permanecer completamente inútil en el plano astral, porque aun exento de las responsabilidades y peligros del pleno despertar, hay mucho que puede hacer segura y provechosamente.

Difícilmente se hallará entre nosotros quien no sea capaz de llevar a cabo, cada noche, por lo menos una acción concreta de beneficencia o de buena voluntad, de su cuerpo, mientras está fuera. Nuestra condición durante el sueño es ordinariamente una especie de absorción en pensamiento. Recordémoslo, una continuación de los pensamientos que principalmente nos han ocupado durante el día, y más en particular, del último que ocupaba nuestra mente al quedarnos dormidos. Ahora bien: si nuestro último pensamiento es la firme intención de ir a prestar auxilio a alguien cuya necesidad conocemos, cuando el alma esté libre del cuerpo realizará indudablemente ese intento y prestaremos el auxilio. Se han dado varios casos en que, al efectuar este esfuerzo, la persona a quien se dirigía fue plenamente consciente del anhelo de quererla auxiliar, e incluso vio su cuerpo astral en el acto de llevar a cabo las instrucciones impresas en él.

Verdaderamente, nadie ha de entristecerse por la idea de que no pueda tener participación ni empleo en esta gloriosa obra. Quien esto creyera, estaría completamente equivocado, porque todo aquel que pueda pensar, puede auxiliar. Tampoco es necesario limitar tan provechosa labor a las horas de sueño. Si sabéis (¿y quién no sabe?) de alguien que esté afligido o apesadumbrado, aunque no seáis capaces de estar conscientemente en forma astral junto a su cama, podéis, sin embargo, enviarle amorosos pensamientos y ardientes deseos de benevolencia, con la completa

Cualidades Necesarias

seguridad de que tales pensamientos y deseos son reales, vivos y fuertes; y pensad que al enviarlos mueven e inciden en vuestra voluntad en proporción a la fuerza que hayáis puesto en ellos.

Los pensamientos son cosas intensamente reales y visibles a los ojos de quienes los abrieron para ver, y por medio de ellos el hombre más pobre logra aportar su parte en las buenas obras del mundo tan plenamente como el más rico. De este modo, por lo tanto, ya seamos o no capaces de funcionar conscientemente en el plano astral, podremos afiliarnos y debemos todos afiliarnos en el ejército de protectores invisibles.

Pero el aspirante que anhele profundamente llegar a formar parte de la fraternidad de protectores astrales que ejercen su labor bajo la dirección de los grandes Maestros de Sabiduría, hará de su preparación parte de un muy amplio plan de perfeccionamiento. En vez de esforzarse en ser apto tan sólo para esta particular rama de Su servicio, asumirá con resuelta determinación la sobresaliente tarea de seguir sus huellas, de convertir todas las energías de su alma para lograr lo que Ellos alcanzaron, a fin de que este poder de auxiliar al mundo no quede limitado al plano astral, sino extendido a más altos niveles, que son la verdadera morada del divino ser del hombre.

Hace mucho tiempo fue trazado el sendero por la sabiduría de aquellos que en otra edad lo recorrieron; un sendero de perfección que más pronto o más tarde debemos seguir, tanto si lo escogemos ahora de propia y libérrima voluntad, como si esperamos a que después de muchas vidas e infinidad de sufrimientos, la lenta e irresistible fuerza de evolución nos impulse a lo largo del sendero entre los rezagados de la familia humana.

Pero el hombre sensato entra ansioso y sin demora en el sendero, persiguiendo la meta del Adeptado, a fin de que librándose para siempre de toda duda, temor y tristeza, pueda también ayudar a otros en la obtención de la confianza y la felicidad.

Lo que son las etapas de este Sendero de Santidad, como lo llaman los budistas, y en qué orden están dispuestas, las veremos en el capítulo siguiente.

EL SENDERO PROBATORIO

Capítulo Veinte

os libros orientales nos dicen que hay cuatro medios de atraer a un hombre al comienzo del sendero de perfeccionamiento espiritual: 1.° Por compasión de quienes ya entraron en él. 2.° Por oír o leer las enseñanzas de la filosofía oculta. 3.° Por iluminada reflexión; esto es, que por la reiterada fuerza de vigorosos pensamientos y claros raciocinios pueda alcanzar la verdad o parte de ella por sí mismo. 4.° Por la práctica de la virtud; lo cual significa que una serie de virtuosas existencias, sin necesidad de una evolución intelectual, pueden eventualmente desarrollar en un hombre la intuición suficiente para sentir la necesidad de entrar en el sendero y ver la dirección en que está trazado.

Cuando por cualquiera de estos medios llega el hombre a este punto, tiene directamente ante sí el elevadísimo Adeptado, con tal que quiera escogerlo. Al escribir para los estudiantes de ocultismo, es imprescindible decir que en nuestro actual grado de desarrollo no hemos de esperar conocerlo todo ni casi todo, sino tan sólo los peldaños inferiores de este sendero, pues de los superiores no conocemos más que los nombres, aunque ocasionalmente nos hieran los fulgores de la gloria que los circunda.

Según las enseñanzas esotéricas, estos peldaños están agrupados en tres divisiones:

1.° El período probatorio, antes del cual no se desvelan secretos, ni se realiza promesa alguna, ni se dan iniciaciones en el verdadero sentido de la palabra. Esto conduce al hombre al nivel necesario para pasar con éxito a través de lo que en los libros de Teosofía se llama comúnmente el período crítico de la quinta ronda.
2.° El período del discipulado efectivo, o sendero propiamente dicho, cuyas cuatro etapas se llaman a menudo en los libros orientales: los cuatro senderos de santidad. Al término de ellos, el discípulo obtiene el grado de Adeptado, o sea, el nivel que ha de alcanzar la humanidad al fin de la séptima ronda.
3.° El período que nos atrevemos a llamar oficial, en el que el Adepto toma definitiva parte (bajo la gran Ley cósmica) en el gobierno del mundo y desempeña un especial cargo en relación con él. Naturalmente,

cada Adepto, y aun cada discípulo, una vez admitidos definitivamente, según hemos visto en los primeros capítulos, toma parte en la gran obra de contribuir a la progresiva evolución del hombre; pero aquellos que están en más altos niveles, toman a su cargo ministerios especiales, análogamente a los del gobierno de las monarquías bien ordenadas.

Antes de entrar en pormenores acerca del periodo probatorio, conviene decir que en casi todos los libros sagrados de Oriente es considerado ese peldaño como simplemente preliminar y raramente como parte del sendero, porque consideran que sólo se entra en éste cuando se dan pruebas definitivas. Mucha confusión ha ocasionado el hecho de que el número de los peldaños comience ocasionalmente en este punto, aunque más a menudo al principio de la segunda gran división. Algunas veces se cuentan los peldaños y otras veces las iniciaciones conducentes dentro o fuera de ellos, de modo que al estudiar los libros el candidato ha de estar constantemente sobre aviso para no caer en error.

Sin embargo, el carácter de este periodo probatorio difiere notablemente del de los otros. Las divisiones entre sus etapas no son tan precisas como las de los grupos superiores, y los requisitos no son tan definidos ni tan rigurosos. Pero será fácil explicar este último punto después de dar una relación de las cinco etapas de este periodo con sus respectivos requisitos. Las cuatro primeras han sido hábilmente descritas por el señor Mohini Mohun Chatterji en la primera labor cumplida por la Logia de Londres, a la que remitimos al lector para más completas explicaciones que las que podemos dar aquí. Muy valiosa información sobre ello dio también la señora Besant en sus libros: *El Sendero del Discipulado* y *En el recinto externo (Hacia el Templo)*.

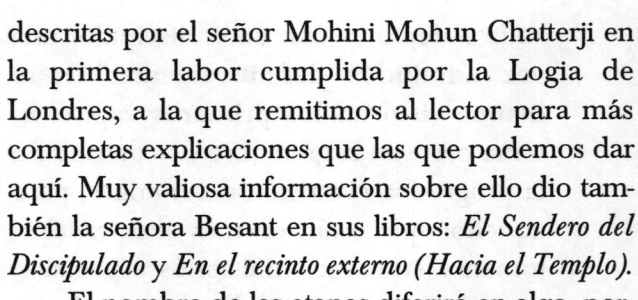

El nombre de las etapas diferirá en algo, porque en dichos libros rige la terminología indosánscrita, mientras que la nomenclatura pali, que empleamos aquí, es la del sistema budista; pero, aunque la materia se nos alcance desde otro aspecto, los requisitos serán exactamente los mismos por más que varíe la forma externa. Entre paréntesis pondremos la equivalencia léxica de cada palabra, y a continuación, la explicación dada ordinariamente por el Maestro.

1. *Manodváravajjna* (La apertura de las puertas de la mente; o, tal vez, el escape por la puerta de la mente). – En esta etapa el candidato adquiere una firme convicción de la inconsistencia y vanidad de las aspiraciones puramente terrenas. Esto suele describirse a menudo como el aprendizaje de la diferencia entre lo real y lo ilusorio, para lo que a veces es preciso dedicarle mucho tiempo y difíciles lecciones. Es evidente que tal aprendizaje debe ser el primer paso hacia el verdadero progreso, porque ningún hombre entra alegremente y de todo corazón en el sendero hasta que definitivamente se decide a «poner sus miras en las cosas del cielo y no

en las de la tierra». Esta resolución dimana de la certidumbre de que nada de lo terreno tiene valor alguno si se compara con la vida superior. A este paso lo llaman los hindúes la adquisición del *viveka* o discernimiento, y el señor Sinnett lo considera como la sumisión al yo superior.

2. *Parikamma* (Preparación para la acción). – Es la etapa en que el candidato aprende a obrar rectamente, por sencilla consideración a la justicia, sin tener en cuenta su propio provecho o perjuicio en este mundo o en el venidero. Además adquiere, según explican los libros orientales, una total indiferencia a complacerse con el fruto de sus propias acciones. Esta indiferencia es el natural resultado del paso anterior; porque una vez que se percata el neófito del vano y transitorio carácter de todas las recompensas terrenas, cesa de desearlas; una vez que brille en su alma la refulgencia de lo real, absolutamente nada de lo terrenal podrá ser objeto de sus ansias. A este elevado desapego le llaman los hindúes *vairagya*.

3. *Upacharo* (Atención o conducta). – Es la etapa en que deben adquirirse «las seis cualidades» (las *Shatsamparti* de los hindúes), que en pali se llaman de la siguiente forma:

a) *Samo* (Quietud). – Aquella pureza y calma de pensamiento que dimanan del perfecto gobierno de la mente. Es una cualidad en extremo difícil de alcanzar y la más necesaria, porque si la mente no actúa de acuerdo únicamente con la voluntad, no puede ser un adecuado instrumento para la obra del Maestro en el porvenir. Esta cualidad es de muy vasta extensión y entraña a la vez el dominio de sí mismo y la calma ya descritos en el capítulo XIX como necesarios para la obra astral.

b) *Damo* (Subyugación). – Un parecido dominio sobre las palabras y actos y, por lo tanto, pureza de unas y otros. Es una cualidad que se deduce necesariamente de la anterior.

c) *Uparati* (Cese). – Se explica como el cese del fanatismo o creencia en la necesidad de algún acto, práctica o ceremonia prescrito por determinada religión, conduciendo así al aspirante a la independencia de pensamiento y a una amplia y generosa tolerancia.

d) *Titikkhá* (Aguante o paciencia). – Con ello se designa la facilidad de soportar alegremente cualquier clase de karma que pueda sobrevenir y de separarse de todas y cada una de las cosas mundanas si ello fuese necesario. Esto abarca también la idea de la completa carencia de rencor por injurias, pues conoce que quienes le injurian no son sino instrumentos de su karma.

e) *Samádhána* (Aplicación). – El rigor con uno mismo, que entraña la incapacidad de desviarse del sendero por la tentación. Se relaciona muy

estrechamente con la sencillez o ingenuidad mental de que se habló en el capítulo anterior.
f) *Saddhá* (Confianza). – Confianza en el Maestro y en uno mismo. Confianza que consiste en considerar al Maestro como aleccionador competente; y en que por más desconfianza que sienta el discípulo en sus propias fuerzas, arde en su interior aquella divina chispa que convertida en llama le hará capaz de realizar cuanto su Maestro realiza.

4. *Anuloma* (Orden o sucesión directa, como en alusión a que el logro de esta cualidad es consecuencia natural de las otras tres).
– Es la etapa en que se adquiere el intenso deseo de liberación de la vida terrena para unirse a la superior. Se la llama *Mumukshatva*.

5. *Gotrabhú* (Condición de aptitud para la iniciación).
– En esta etapa el candidato reúne, por decirlo así, sus adquisiciones previas y las fortalece en el grado necesario para el próximo gran paso que le colocará en el sendero, propiamente como discípulo aceptado. Al logro de este nivel sigue muy rápidamente la iniciación en el próximo grado. Respondiendo a la pregunta «¿Quién es Gotrabhú?», dijo Buda: «Es Gotrabhú el hombre que posee las condiciones de las cuales se deriva el comienzo de la santificación».

La sabiduría necesaria para la recepción en el sendero de santidad se llama *Gotrabhúgñana*.

Vislumbradas rápidamente las etapas del sendero probatorio, examinemos de inmediato lo que referimos al comienzo, o sea, que el perfecto logro de estos requisitos y cualidades no hemos de esperarlo en esta etapa terrena. Como dice el señor Mohini: «Si todas ellas son igualmente vigorosas, el Adeptado se alcanza en la misma encarnación». Pero tal resultado es en extremo raro. El candidato debe esforzarse sin cesar en adquirirlas, pero sería erróneo suponer que nadie ha sido admitido a dar otro paso sin poseerlas todas en el más alto grado posible. Ni tampoco es necesario que a una etapa siga precisamente otra en el mismo orden definido, porque en algunos casos un hombre podrá desarrollar varias cualidades mucho mejor simultáneamente que en regular sucesión. Es evidente que un hombre puede fácilmente trabajar durante una gran parte de este sendero, aunque sea completamente ignorante de su existencia; y sin duda muchos cristianos buenos y muchos ardientes librepensadores están ya muy adelantados en el camino que eventualmente les conducirá a la iniciación, aunque en su vida no hayan oído hablar ni una palabra de ocultismo. Hago mención especial de cristianos y librepensadores porque las demás religiones admiten como posible el perfeccionamiento oculto, y, por lo tanto, lo tendrán ciertamente en cuenta quienes anhelen algo más satisfactorio que las creencias exotéricas.

También debemos destacar que las etapas del período probatorio no están separadas por iniciaciones en el riguroso sentido de la palabra, aunque estén salpicadas de pruebas y ensayos de toda clase y en todos los planos, y puedan ser avivadas por fortalecedoras experiencias y por sugestiones y auxilios en cualquier tiempo en que seguramente puedan darse. Algunas veces tendemos a emplear la palabra iniciación un tanto ligeramente, como, por ejemplo, cuando la aplicamos a las pruebas que acabamos de citar. Pero en rigor sólo se refiere a la solemne ceremonia en que un discípulo es formalmente admitido en un grado superior por un adecuado ministro que en nombre del Supremo Iniciador recibe sus votos y pone en sus manos la nueva llave de conocimiento que ha de usar en el nivel alcanzado en dicho punto. Tal iniciación tiene efecto al entrar en la división que vamos a considerar y también al pasar de una etapa a la que le sigue inmediatamente.[1]

1.- He creído más conveniente dejar este capítulo tal como apareció en la primera edición de hace treinta años. Sin embargo, muchas cosas han sucedido desde entonces, porque la humanidad evoluciona, aunque lentamente, y la opinión pública ha cambiado muchísimo respecto a los asuntos que trato en este libro, de suerte que en obras posteriores los he tratado con mayor amplitud. Si el interés de algún lector se ha despertado por la escueta y técnica enumeración de las cualidades descritas, si siente en su interior el anhelo de buscar el Sendero de Santidad y recorrerlo, le aconsejo la detenida lectura de *Los Maestros y el Sendero*, en donde hallará ulterior información.

El sendero propiamente dicho

Capítulo Veintiuno

En las cuatro etapas de esta división del sendero es donde han de romperse los diez *Samyojana* o ligaduras que atan al hombre al ciclo de reencarnaciones y demoran su entrada en el Nirvana. Aquí vemos la diferencia entre el discipulado con solvencia y la prueba previa. Ningún éxito parcial es suficiente en este sentido para desembarazarse de tales ligaduras, pues antes de que el candidato pueda pasar de una etapa a la inmediatamente posterior, debe estar *completamente* libre de algunos de estos impedimentos, y cuando los enumeremos se verá cuán difícil de alcanzar es este requisito y no nos maravillaremos de que los libros sagrados digan que algunas veces son precisas siete encarnaciones para recorrer esta división del sendero.

Cada una de las cuatro etapas mencionadas se subdividen a su vez en otras cuatro. Cada una de ellas tiene: 1.° El *Maggo* o camino durante el cual el estudiante se esfuerza por desembarazarse de las ligaduras. 2.° El *Phala* (goce del fruto), o sea, cuando toma conciencia del resultado de su acción, que constantemente se le muestra. 3.° El *Bhavagga*, o consumación, que es el período en que, llegado el resultado a su culminación, el estudiante queda capacitado para cumplir satisfactoriamente el trabajo pertinente a la etapa por donde a la sazón camina firmemente; y 4.° El *Gotrabhú*, que como antes se dijo, significa el tiempo en que llega a la aptitud necesaria para recibir la inmediata iniciación.

La primera etapa:

I. *Sotápati o Sohan.*— Al discípulo que ha llegado a este nivel se le llama *Sowami* o *Sotápanna*, esto es, «el que ha entrado en la corriente»; porque desde este período, aunque vacile, aunque sucumba a violentas tentaciones y se desvíe del camino alguna vez, no retrocederá completamente de su estado espiritual para volver a ser mundano. Ha entrado ya en la corriente de la evolución superior humana por la que todo hombre ha de seguir en la próxima ronda, a menos que por deslices transitorios le deje atrás la gran ola de la vida, para esperar ulteriores progresos, hasta la próxima cadena de encarnaciones. El discípulo capaz de recibir esta iniciación se ha adelantado, por lo tanto, a la mayoría de la humanidad en el período completo de una ronda de todos nuestros siete planetas, y al hacerlo así se ha precavido definitivamente contra la posibilidad de separarse de la corriente en la quinta ronda. Por lo tanto, se le suele llamar *el salvo* o *el seguro*.

A causa de la mala comprensión de esta idea surgió la peregrina teoría de la salvación, defendida por una secta cristiana. La salvación eoniana de la que hablan algunos textos no es, como injuriosamente supusieron los ignorantes, la salvación de eternos tormentos, sino sencillamente la de inutilizar el resto de este eón o dispensación por desviarse de la línea de perfeccionamiento. Éste es también el natural significado de las palabras del credo de Atanasio: «Para ser salvo se requiere ante todo profesar la fe católica». (Véase *The Christian Creed*, pág. 91.)

Los impedimentos, embarazos o ligaduras que hemos de romper antes del paso a la próxima etapa son:

1.° *Sakkáyadiithi.* – La ilusión del yo.
2.° *Vichikichchhá.* – Duda e incertidumbre.
3.° *Sílahbataparámása.* – Superstición.

El primero es el «yo soy yo» o conciencia que relacionada con la *personalidad* no es más que una ilusión y debe ser desechada en la primera etapa del verdadero sendero de progresos. Pero superar totalmente dicho impedimento significa aún más que esto, porque entraña el reconocimiento de que la individualidad es verdaderamente una con el Todo y que, por lo tanto, nunca puede tener un interés opuesto al de sus hermanos, y que verdaderamente tanto más progresa quien con mayor ahínco contribuye al progreso de los demás.

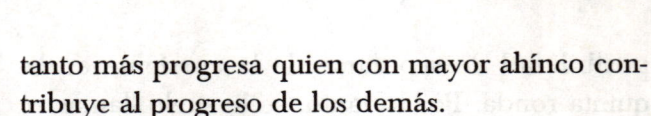

Porque el verdadero signo y señal de haber alcanzado el nivel *Sotápatti* es el primer ingreso del discípulo en el plano inmediatamente superior al mental, aquel que comúnmente llamamos búdico. Puede ser y será este ingreso un ligerísimo toque de ínfimo subplano de aquella portentosamente excelsa condición que el discípulo puede, no obstante, experimentar en vislumbre con anterioridad con la ayuda del Maestro; pero aun este toque es algo que jamás se olvida, algo que abre un nuevo mundo ante él y subvierte enteramente sus ideas y sentimientos. A la sazón, mediante la extensa conciencia de aquel plano, por vez primera se convence verdaderamente de la subyacente unidad de todas las cosas, no sólo como simple concepto, sino como hecho definitivo y patente a sus abiertos ojos. Es entonces cuando conoce realmente, por primera vez, algo del mundo en que vive; y también cuando, por vez primera, alcanza un tenue vislumbre de lo que deben de ser el amor y la compasión de los grandes Maestros.

Respecto al segundo impedimento conviene anteponer dos palabras. Los que nos hemos educado en las costumbres mentales de Europa, estamos desgraciadamente tan familiarizados con la idea de exigir a los discípulos una ciega e irrazonable adhesión a ciertos dogmas, que al oír que el ocultismo considera la *duda* como un obstáculo para el progreso, nos inclinamos a suponer igualmente que también es precisa la misma incuestionable fe de sus adictos que exigen las modernas supersticiones. Nada más falso.

Es verdad que la duda (o más bien la incertidumbre), en determinadas cuestiones, es un obstáculo para el perfeccionamiento espiritual, pero el antídoto de esta duda no es la fe ciega (que está considerada como un impedimento, según veremos), sino la certeza de convicción hallada en experiencias personales de matemática demostración. Si un niño duda de la exactitud de la tabla de multiplicar, difícilmente aprenderá las matemáticas; y sus dudas sólo podrán ser satisfactoriamente resueltas por la comprensión basada en razonamientos y demostraciones que evidencien la verdad de la tabla. Cree que dos y dos son cuatro, no precisamente porque así se lo enseñaron, sino porque ha llegado a ser para él un hecho evidente. Y éste es rigurosamente el único método que conoce el ocultismo para resolver las dudas.

Se ha definido el *Vichikichchhá* como la duda de las doctrinas del karma y de la reencarnación, y de la eficacia del método de alcanzar el supremo bien por el Sendero de la Santidad. Librándose de él, llega el *Samyojana* a la absoluta certidumbre, basada ya sobre su personal y directo conocimiento, ya sobre la razón de que son verdaderas las enseñanzas esotéricas concernientes a las fundamentales leyes de la reencarnación y del karma.

El tercer impedimento que se ha de superar comprende toda clase de irracionales o engañosas creencias, toda dependencia de la eficacia de ritos externos y ceremonias para purificar el corazón. El que lo supere averiguará que eso depende de uno mismo, no de otros, ni del aparente raciocinio de cualquier religión.

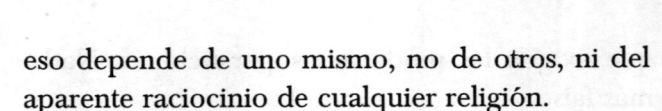

Los tres primeros impedimentos están relacionados en ordenada serie. Una vez conocida plenamente la diferencia entre la individualidad y la personalidad, es posible apreciar con precisión varios aspectos del actual proceso de reencarnación y disipar así toda duda sobre el particular. Hecho esto, el conocimiento de la permanencia espiritual del verdadero yo suscita la confianza en la propia fuerza espiritual de uno mismo y disipa la superstición.

II. *Sakadágámi.* – Al discípulo que ha entrado en esta segunda etapa se le llama *Sakridágámín,* o sea: «el hombre que retorna sólo una vez». Significa que el hombre que ha alcanzado este nivel sólo necesitará otra encarnación para llegar al Arahatado. En este período, no se ha de superar ningún impedimento adicional, sino que el discípulo está ocupado en reducir al mínimo los que todavía le encadenan. Sin embargo, es comúnmente un período de considerable perfeccionamiento psíquico e intelectual. Si no se han adquirido previamente las facultades que comúnmente llamamos psíquicas, deben ser desarrolladas durante este período, porque sin ellas nos sería imposible asimilar el conocimiento que se nos ha de dar, ni cumplir la elevada obra en favor de la humanidad. Llegado a este punto, el discípulo tiene ya el privilegio de cooperar. Debe ser dueño de su conciencia astral durante la vigilia de su vida física, y durante el sueño se abrirá ante él el mundo celeste, porque la conciencia de un hombre cuando está fuera de su cuerpo físico es siempre un grado más elevada que la que posee mientras habita en la fatigante prisión de la carne.

III. *Anágami* (El que no vuelve). – Se le llama *Anágámin* porque habiendo alcanzado este nivel debe ser capaz de ascender al inmediatamente superior a su actual existencia. Durante las cotidianas tareas de su profesión goza de las espléndidas posibilidades de progreso que da la plena posesión de las inestimables facultades del mundo celeste, y cuando por la noche abandona su vehículo físico entra otra vez en la maravillosa y amplia conciencia búdica.

Llegado este período se desembaraza finalmente de cualquier pertinaz residuo de los dos impedimentos siguientes:

4. *Kámaraga.* – Apego al goce emocional representado por el amor terreno.
5. *Patigha.* – Toda posibilidad de ira o de odio.

El discípulo que se ha desembarazado de estos impedimentos ya no puede vibrar en modo alguno por influencia de sus sentidos, ya sea en amor u odio, y queda libre de afecto, ansia o anhelo en las condiciones del plano físico. Aquí hemos de precavernos de nuevo contra un posible error y con el cual solemos tropezar. El amor humano realmente puro y noble *nunca* muere, nunca y de ningún modo mengua a causa de la educación esotérica; por el contrario, se acrecienta y explaya hasta abarcarlo todo con el mismo fervor que al principio fue prodigado a uno o varios seres. Pero el estudiante debe sobreponerse con el tiempo a toda consideración referente a la simple personalidad de los que le rodean, y así estará libre de todas las injusticias y parcialidades que el amor terreno entraña ordinariamente. No hemos de suponer ni por un momento que al alcanzar este amplio afecto hacia todo, pierda el particular amor a sus más íntimos allegados. El singularmente perfecto eslabón entre Ananda y Buda, como entre Juan y Jesús, prueba que, por el contrario, este particular amor cobra una enorme intensidad, y que el lazo entre un Maestro y sus discípulos es más fuerte que cualquier otra ligadura terrenal. Porque el afecto que florece en el Sendero de Santidad es afecto entre egos y no entre personalidades; por lo tanto, es fuerte y permanente, sin miedo de que disminuya o vacile, porque es perfecto aquel amor que ahuyenta todo temor...

IV. *Arahat* (El venerable, el perfecto). – Al alcanzar este nivel, el aspirante goza de continuo la conciencia del plano búdico y es capaz de usar sus potencias y facultades aun en el cuerpo físico; y si lo abandona durante el sueño o el éxtasis, pasa inmediatamente a la inefable gloria del plano nirvánico. Al llegar el ocultista a este estado debe desechar los últimos residuos de los cinco postreros impedimentos, que son:

6. *Rúparaga.* – Deseo de belleza de forma o de existencia física en cualquier forma, incluso, la del mundo celeste.
7. *Arúparága.* – Deseo de vida sin forma.

8. *Máno.* – Orgullo.
9. *Uddhachcha.* – Agitación o irritabilidad.
10. *Avidya.* – Ignorancia.

En esto, debemos percibir que el rechazo del *Rúparága,* no sólo entraña la anulación del deseo de vida terrena y de la astral y devakánica, por gloriosas que unas y otras puedan ser, sino también de toda propensión a quedar indebidamente atraído o repelido por la belleza externa o la aparente fealdad de alguna persona o cosa.

El *Arúparága,* o deseo de vida, tanto en los planos superiores sin forma del mundo celestial, como en el todavía más excelso plano búdico, sería sencillamente una especie más sutil y menos sensual de egoísmo, y debe desecharse de la misma manera que el más grosero.

Uddhachcha significa literalmente: «propensión a que se perturbe la mente», y el hombre que se desembarazase del todo de este impedimento sería absolutamente imperturbable, indiferente a cualquier cosa que pudiera sucederle, perfectamente inaccesible a cualquier clase de ataque a esta dignificada serenidad.

La superación de la ignorancia entraña naturalmente la adquisición del perfecto conocimiento, la omnisciencia práctica por lo que concierne a nuestro sistema planetario. Cuando han desaparecido todos los impedimentos, el ego alcanza la quinta etapa, la del completo Adeptado, y llega a ser:

V. *Asekha* («El que ya no tiene nada que aprender» en lo relativo a nuestro sistema planetario). – En nuestro actual nivel es imposible que comprendamos lo que significa este logro. Todo el esplendor del plano nirvánico se extiende ante los despiertos ojos del Adepto, mientras que cuando le place abandonar su cuerpo tiene poder para entrar en algo todavía más elevado: en un plano del cual sólo conocemos el nombre. Como dice el profesor Rhys Davids: «Queda entonces libre de todo pecado; ve y aprecia todas las cosas de esta vida en su justo valor; y como de su mente está desarraigado todo mal, sólo siente deseos justos y nobles en sí mismo, y tierna compasión, tolerancia y sublime amor hacia los demás».

Para demostrar lo poco que ha perdido el sentimiento de amor, dice el Metta Sutta al tratar del estado intelectual de quien se halla en este nivel: «Como ama una madre, que aun a riesgo de su vida protege a su único hijo, así siente el amor hacia todos los seres. Con benevolencia Inmensa influye en el mundo entero, arriba, abajo, alrededor, sin límites, sin sentimiento alguno de interés diferente u opuesto. Cuando un hombre permanece firmemente en este estado mental, sin cesar un instante, ya esté quieto o andando, ya sentado o acostado, entonces llega a realizar lo que está escrito: "Aun en esta vida hallé la santidad"».

Más allá

Capítulo Veintidós

s evidente que, más allá de este período, nada sabemos de las nuevas cualidades requeridas para el acceso a los aún más altos niveles que se extienden ante la ulterior evolución del hombre perfecto.

Sin embargo, no cabe duda de que cuando un hombre llega a ser *Asekha* ya apuró todas las posibilidades de perfeccionamiento moral, y que un mayor progreso para él, sólo puede significar todavía un más extenso conocimiento y una aún más amplia y maravillosa fuerza espiritual. Sabemos que cuando el hombre alcanza esta virilidad espiritual, ya sea por el tardío curso de la evolución, o bien por el más corto sendero de la autoperfección, asume el pleno gobierno de sus propios destinos, y escoge su futura trayectoria de evolución entre los siete senderos posibles que ve abiertos ante sus ojos.

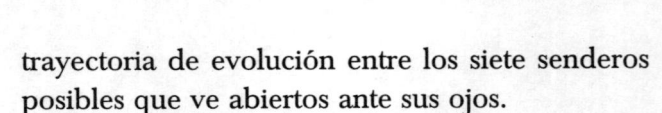

Naturalmente, en nuestro nivel actual no cabe esperanza de comprender gran cosa sobre este particular. Sólo podemos vislumbrar una débil silueta de algunos de estos senderos, que dicen muy poco a nuestra inteligencia, pues en general, los elige el adepto fuera de nuestra cadena planetaria, que no le permite suficiente campo para su evolución.

Uno de los senderos es el «acepto el Nirvana», según lo indica la frase científica.

Un asunto sobre el cual nada sabemos es lo referente a la permanencia del aspirante en esta sublime condición durante incalculables eones, preparándose para la futura línea de evolución. Y verdaderamente, si alguna información pudiera darse con respecto a estos puntos, es más que probable que no la comprendiéramos en nuestra relativamente atrasada etapa de evolución y progreso espiritual.

Pero si no es así, al menos podemos inferir que el beatífico estado de Nirvana no es, como algunos han supuesto ignorantemente, una condición de estéril aniquilamiento, sino por el contrario, de la más intensa y benéfica actividad; y que según el hombre se eleva en la escala de la naturaleza, sus posibilidades son mayores y su trabajo en pro de otros, mayor y de más alcance; y que aquella infinita sabiduría y poder ilimitado tan sólo significan para él una infinita capacidad para el servicio, porque son dirigidos por el más alto conocimiento que cabe poseer en el actual ciclo de evolución y por el infinito amor.

Más Allá

Otros escogen una evolución espiritual no enteramente alejada o separada de la humanidad, porque aunque no esté relacionada directamente con la próxima cadena de nuestro sistema, se extiende en dos largos períodos correspondientes a su primera y segunda rondas, al fin de cuyo ciclo también se le presentará la «aceptación del Nirvana», pero en mayor grado que el mencionado anteriormente.

También hay quienes se unen a la evolución dévica, cuyo progreso se extiende a lo largo de una gran cadena formada por siete cadenas como las nuestras, cada una de las cuales es para ellos como un mundo. Esta clase de evolución se considera como la más gradual y, por lo tanto, la menos ardua de las siete. Pero aunque de ella se haga referencia en los libros como «propensa a la tentación de llegar a ser un dios», ello sólo es así si se compara con la sublime elevación de renuncia del *Nirmánakáya*, que puede llamarse de esta casi despectiva manera porque el Adepto que escoge este sendero tiene verdaderamente un glorioso camino ante él, y aunque el escogido no sea el más corto, es, sin embargo, nobilísimo, según se advertirá por la circunstancia de que lo escogió la Madre de Jesús al llegar al Adeptado, y desde entonces desempeña el eminente y responsable oficio de Madre del Mundo[1] aunque sus devotos desconozcan tan sublime circunstancia.

1.- Véanse a este propósito: *Los Maestros y el Sendero*, segunda edición, y el folleto: *La Madre del Mundo como Símbolo y como hecho*.

Otro grupo es el de los *Nirmánakáyas*; aquellos que, rechazando todos esos fáciles métodos, escogen el sendero más corto, pero el más escabroso, que conduce a las supremas alturas que ante él se yerguen. Forman lo que en términos poéticos se llama el «muro protector» y, como se nos dice en *La Voz del Silencio*, protegen el mundo de mayores y ulteriores miserias y aflicciones, consagrando todas sus fuerzas al trabajo de derramar sobre él un raudal de fuerza espiritual y auxiliadora, sin la cual estaría seguramente sumido en una mayor desesperación de la que lo está ahora y los problemas que lo conturban serían todavía más graves.

Todavía quedan por reseñar aquellos seres que permanecen en más directa asociación con la humanidad y continúan revistiéndose de la carne, escogiendo el sendero que conduce a lo largo de las cuatro etapas que antes hemos llamado período oficial. Entre ellos están los Maestros de Sabiduría, aquellos de quienes los estudiantes de Teosofía aprendimos los fragmentos que conocemos de la potente armonía de la evolutiva Naturaleza. Mas parece que sólo un número relativamente pequeño escoge este sendero; tal vez sólo los que son necesarios para llevar a cabo este aspecto físico de las tareas protectoras.

Al oír hablar de estas diferentes posibilidades, muchos exclaman temerariamente que en la mente de un Maestro sólo debería surgir el pensamiento de escoger aquel camino en que mejor pudiera ayudar a la humanidad. Pero si supieran más no harían esta observación los que la hacen, pues no debemos olvidar que hay otras evoluciones en el sistema solar además de la nuestra, y sin duda es necesario para el desarrollo del vasto plan del Logos que haya Adeptos operantes de los siete órdenes a que nos hemos referido. Seguramente la elección hecha por el Maestro tendrá por finalidad acudir donde su trabajo sea mas necesario, empezando sus servicios, con absoluta abnegación de sí mismo, a disposición de las Potestades que rigen esta parte del gran plan de evolución.

Éste es el sendero que ante nosotros se extiende. El sendero que cada uno de nosotros está empezando a recorrer.

Aunque prodigioso por sus elevadas lejanías, recordemos que hemos de seguirlo gradualmente, paso a paso, y que los que ahora están cercanos a la meta se arrastraron en el cieno del valle y sufrieron tantas angustias como nosotros ahora.

Aunque al principio parezca este sendero áspero y fatigoso, según vamos subiendo, nuestras pisadas llegan a ser firmes y nuestra vigilancia más amplia, y así nos volvemos más capaces de ayudar a los que vienen trepando tras nosotros.

Porque al principio, es arduo y fatigoso para el yo inferior. Algunas veces se le ha designado con el engañoso título de «Sendero de aflicción»; pero, como maravillosamente dice la señora Besant, «en el fondo de todos esos sufrimientos late un profundo y esperanzado gozo de lo elevado. Cuando se desvanece el último jirón de la personalidad, se desvanece también todo sufrimiento, y en el perfeccionado Adepto aflora la imperturbable paz y el perpetuo gozo. Ve el fin hacia el cual todo propende en continua labor, y se regocija en este sentido, pues sabe que las tristezas de la tierra no son más que una transitoria fase de la evolución humana.

»Aquello de lo que muy poco se ha dicho es el profundo alborozo que dimana de estar en el sendero, de avanzar por el camino hacia la meta, de percibir que se acrecienta la facultad de ser útil y que la naturaleza inferior se va extirpando paulatinamente. Poco hemos dicho de los rayos de gozo que fluyen sobre el sendero desde los planos superiores, de la deslumbrante claridad de la revelada gloria, de la serenidad contra la que no pueden prevalecer las tormentas de la tierra. Para todo aquel que haya entrado en el sendero, todos los demás caminos pierden su encanto, y sus tristezas tienen más penetrante deleite que los más refinados placeres del bajo mundo.» (*Vahan*, vol. V, número 12.)

Sin embargo, el hombre que piense que la tarea es demasiado espinosa para él, que no desespere; lo que el hombre hizo, el hombre lo puede hacer; y en la medida en que extendamos nuestro auxilio a aquellos a quienes podamos ayudar, nos auxiliarán quienes a su vez alcanzaron la capacidad de auxiliarnos. Así, desde lo ínfimo a lo supremo, los que andamos hollando las etapas del sendero estamos ligados unos a otros por una larga cadena de mutuos servicios, y nadie ha de creerse olvidado o solo, porque aunque a veces los peldaños inferiores de la gran escala puedan estar envueltos en neblinas, sabemos que conducen a las felicísimas regiones de purísimo ambiente en donde refulge inextinguible la sempiterna Luz.

C. W. LEADBEATER

Los Ángeles Custodios

Y OTROS

Protectores Invisibles

Versión española de R. U. G.

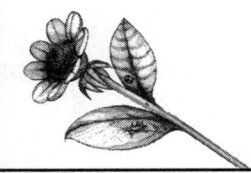

A mi entender, uno de los más hermosos aspectos de la enseñanza teosófica, consiste en que devuelve al hombre las más útiles y saludables creencias de las religiones que ha abandonado. Hay muchos hombres que, creyendo que no deben decidirse a aceptar algunas de las más usuales, miran sin embargo su pasado con algún sentimiento, así como las más hermosas ideas que tuvieron en su infancia. El hombre surge de ellas como un crepúsculo lleno de luz, y reconociendo el hecho, no puede volver a su primitiva actitud como desea, aunque esas visiones del amanecer sean amables y aunque la misma claridad no sea tan fuerte comparada con sus tonos más bajos. La Teosofía viene, pues, en auxilio de esos hombres y les muestra que toda la gloria, la belleza y la poesía, vislumbres que obscuramente han atisbado en ese amanecer, existen como realidades vivas, y que en vez de desaparecer ante la luz del día, sus esplendores se extenderán con mayor intensidad. Esta enseñanza les devolverá su poesía sobre una nueva base, fundada en hechos científicos en vez de estarlo sobre una tradición incierta. Un buen ejemplo de ello puede suministrarse con la que emprendo con el título de *Los Ángeles Custodios y otros Protectores Invisibles*. Hay una infinidad de preciosísimas tradiciones acerca de la custodia espiritual y de la mediación angélica que habrán de creerse por igual, si podemos verlos únicamente en nuestro camino para aceptarlos de un modo racional. He aquí lo que espero explicar en la medida en que lo permita su extensión.

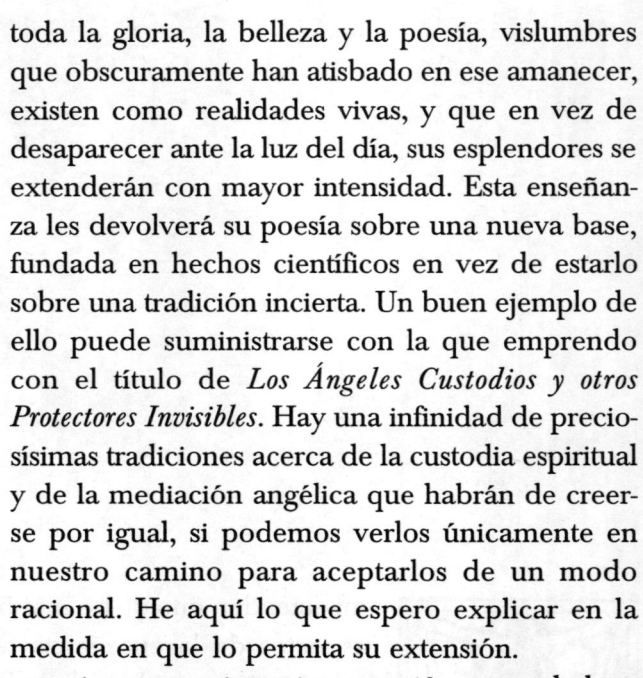

La creencia en semejante intervención es verdaderamente antiquísima. En las más primitivas leyendas de la India hallamos huellas de apariciones de las deidades menores en los momentos más críticos de los asuntos humanos. Los poemas griegos están llenos de historias semejantes, y en la misma historia de Roma leemos que los dioses gemelos Cástor y Pólux guiaron los ejércitos de la naciente República en la batalla del Lago Regilo. En la Edad Media consignaremos que Santiago auxilió a las tropas españolas para que venciesen,[1] y son muchas las historias de ángeles que

---

1.- Un caso más reciente, entre nosotros, es el de San Narciso de Gerona en el siglo pasado (N. del T.).

velan por el piadoso caminante o que intervienen en un crítico momento protegiéndole con sus poderes.

Es una «mera superstición popular», dicen bastantes personas. Quizá; pero dondequiera que encontremos una superstición popular muy extendida y arraigada, hallaremos también de modo invariable algún rastro de verdad; verdad deformada y exagerada, si se quiere, pero verdad al fin. Y éste es el caso de nuestro ejemplo.

La mayor parte de las religiones hablan al hombre de ángeles custodios que están cerca de él en tiempos de aflicción y de trastorno. El Cristianismo no fue una excepción a esta regla; pero por sus pecados, cayó la tormenta sobre la cristiandad que por una extraordinaria inversión de la verdad se llamó la Reforma, y por cuya espantosa explosión hubo numerosísimas pérdidas, de las que en gran parte no nos hemos resarcido todavía. Que existía un terrible abuso y que la Iglesia necesitaba una reforma, no he de ponerlo en duda; es más: seguramente fue un verdadero castigo celestial por los pecados que había perpetrado. Así, el llamado Protestantismo vació y obscureció el mundo con sus secuaces, porque entre muchas extrañas y tristes falsedades se encargó de difundir la teoría de que nadie ocupa los infinitos escalones que median entre lo divino y lo humano. Nos ofreció el extraño concepto de una constante y caprichosa oposición del Gobernador del universo con el actor de sus propias leyes y el resultado de sus propios decretos, y esa frecuencia en la súplica de sus criaturas, que aparentemente presumen de conocer mejor que Él lo que les conviene.

Sería imposible, si uno pudiera llegar a creer tal cosa, desterrar de la mente la idea de que si tal oposición existiese, sería, en verdad, parcial e injusta. En Teosofía no tenemos tal pensamiento, como ya he dicho en otra parte; tenemos nuestra creencia en una perfecta justicia divina, y por eso reconocemos que no puede haber intervención alguna, a menos que la persona auxiliada haya merecido tal ayuda. Pero aun entonces, no será por una directa intervención divina, sino por medio de aquellos agentes. Sabemos también por nuestro estudio y nuestra personal experiencia que hay muchos escalones intermedios entre lo humano y lo divino. La antigua creencia en los ángeles y arcángeles está justificada por los hechos, pues así como existen varios reinos inferiores a esta humanidad, los hay también superiores a ella. Y los que están en ellos mantienen la misma posición sobre nosotros que nosotros respecto del reino animal. Sobre nosotros está el gran reino de los devas o ángeles, y sobre ellos, otra evolución que ha sido llamada la de los *Dhyan-Choanes* —aunque se dé este nombre a otros órdenes más inferiores—, y así progresivamente hasta llegar a las gradas de lo Divino. Todo es una gradación vital desde el propio Logos hasta el polvo que hay bajo nuestros pies; y de esa gran escala, la humanidad no es más que uno de sus escalones. Hay muchos peldaños por debajo y por encima de nosotros, y cada uno de ellos está ocupado. Sería absurdo que supusiéramos que constituimos la más elevada forma del desarrollo, la última etapa de la evolución. El hecho de que aparezcan en la humanidad hombres mucho más avanzados, nos muestra un estado superior y nos da un ejemplo que imitar. Hombres como Buda, como Cristo, y como tantos otros menos ilustres, ofrecen ante nuestros ojos un gran ideal, que, trabajando, podemos conseguirlo nosotros en el presente.

Ahora bien: si las intervenciones especiales en los asuntos humanos pueden efectuarse, ¿hemos de considerar a las huestes angélicas como los probables agentes encargados de ellas? Algunas veces, pero muy raramente, porque esos seres elevados tienen su propio trabajo que cumplir, relacionado con su lugar en el potente plan de las cosas, y apenas si tienen relación o mediación con nosotros. Sin embargo, el hombre inconsciente es tan tremendamente fatuo, que se siente inclinado a pensar que todas las grandes Potestades del universo deben estar vigilándole y dispuestas a socorrerle, así en sus sufrimientos como en su propia locura o ignorancia. Olvida que él mismo no obra como una providencia bienhechora para los reinos inferiores, y que no sale de su camino para acercarse a ayudar a los animales. A veces, el hombre representa para ellos el papel del demonio según la ortodoxia, y destruye sus vidas vigorosas e inocentes, que tortura y frívolamente consume para satisfacer tan sólo su degradado deseo de crueldad, bajo la convenida denominación de deporte. En otras ocasiones los mantiene en la esclavitud, y si les dispensa algún cuidado, es sólo porque trabajan para él. Nada hace, no obstante, para que adelanten en su evolución en abstracto. ¿Cómo puede esperar, pues, de los seres superiores lo que está muy lejos de hacer con los que se hallan un peldaño más abajo?

No estaría mal que el reino angélico se entrometiese en sus propios asuntos, no teniendo más noticias nuestras que las que tenemos nosotros de los gorriones de un árbol. Puede ocurrir, sin embargo, que un deva auxilie en alguna tristeza humana o en alguna dificultad al que le mueva a piedad; y podrá ayudarnos, justamente como debemos empeñarnos en asistir a un animal en un percance, pero seguramente su poderosa visión reconocerá que en el presente estado de evolución semejantes intervenciones pueden, en la mayoría de los casos, producir infinitamente más daño que beneficio.

En otras remotísimas edades, el hombre fue con frecuencia protegido por esos agentes extraterrestres, porque entonces no era aún nuestra infantil humanidad capaz de recibir las enseñanzas de los Maestros; pero ahora que hemos llegado a la adolescencia, hemos de suponer que nos hallamos en un estado en el que podemos proveernos de guías y protectores de nuestra propia categoría.

Hay además otro reino en la naturaleza que es muy poco conocido: el de los espíritus de la naturaleza. Aquí también la tradición popular ha conservado la huella de la existencia de una clase de seres que la ciencia todavía no conoce. Se les ha dado infinidad de nombres: ninfas, gnomos, elfos, duendes, silfos, ondinas, trasgos, etc., etc.; y pocos países hay en los que la demótica no los halle. Son seres que poseen un cuerpo astral o etéreo, y que, por lo tanto, sólo bajo ciertas circunstancias pueden hacerse visibles al hombre. Por lo general, evitan su vecindad, pues no gustan de sus salvajes explosiones de pasión y de deseo; así pues, por lo común se ven en algún sitio solitario y por algún montañés o algún pastor, que hacen sus trabajos lejos del importuno trajín de las gentes. A veces ha ocurrido que una de esas criaturas ha llegado a unirse a algún ser humano y le ha consagrado sus servicios como vemos en las historias de los montañeses de Escocia, pero no siempre puede esperarse una asistencia inteligente de entidades de esa clase.[1]

Un auxilio tal lo prestan los grandes Adeptos, los Maestros de Sabiduría, hombres como nosotros, pero tan altamente evolucionados, que podemos considerarlos como dioses por sus poderes, su sabiduría y su compasión. Se consagran por completo al trabajo de fomentar la evolución. ¿Pueden de igual modo intervenir en los acontecimientos humanos alguna vez? Acaso ocasionalmente, pero de manera excepcional, porque tienen otras cosas más importantes que hacer. El ignorante llega a creer que los Adeptos deben venir a las ciudades populosas y socorrer al pobre; digo el ignorante, porque sólo el excesivamente profano e increíblemente

---

[1].- Entre nosotros hay un libro famoso, y más citado que leído, que trata de este asunto. Es el publicado en Madrid en 1677 por Fray Antonio Fuente Lapeña, bajo el título de *El ente dilucidado*, donde se dice que el duende «es un animal invisible *secundum quid* o casi invisible, trasteador».– Sección 4ª, subsección 5.ª (N. del T.).

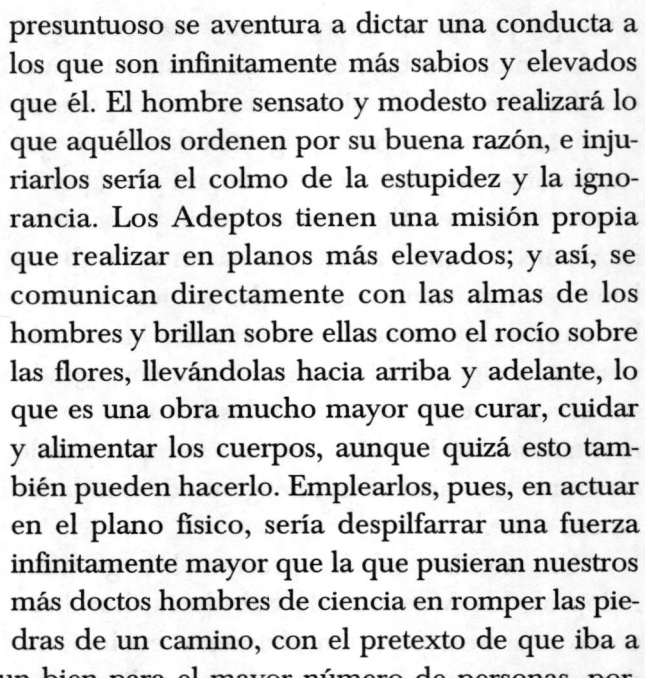

presuntuoso se aventura a dictar una conducta a los que son infinitamente más sabios y elevados que él. El hombre sensato y modesto realizará lo que aquéllos ordenen por su buena razón, e injuriarlos sería el colmo de la estupidez y la ignorancia. Los Adeptos tienen una misión propia que realizar en planos más elevados; y así, se comunican directamente con las almas de los hombres y brillan sobre ellas como el rocío sobre las flores, llevándolas hacia arriba y adelante, lo que es una obra mucho mayor que curar, cuidar y alimentar los cuerpos, aunque quizá esto también pueden hacerlo. Emplearlos, pues, en actuar en el plano físico, sería despilfarrar una fuerza infinitamente mayor que la que pusieran nuestros más doctos hombres de ciencia en romper las piedras de un camino, con el pretexto de que iba a resultar un bien para el mayor número de personas, porque el trabajo científico no beneficiará inmediatamente a los pobres. No corresponde ciertamente al Adepto una intervención física semejante, pues está muy lejos de emplearla a diario.

Los protectores se agrupan en dos categorías y en muchos casos son hombres como nosotros mismos y no muy lejos de nuestro propio plano. La primera categoría la constituyen lo que llamamos los muertos. Los imaginamos muy distantes, pero esto es una ilusión. Están muy cerca de nosotros, y aunque en su nueva vida no puedan generalmente ver nuestro cuerpo físico, pueden ver y de hecho ven nuestro vehículo astral, y por eso conocen nuestros sentimientos y nuestras emociones. Por consiguiente, saben cuándo estamos angustiados, cuándo necesitamos ayuda y hasta procuran facilitárnosla. Hay, pues, un número enorme de protectores positivos que pueden ocasionalmente intervenir en los asuntos humanos, pero no muy a menudo, pues el muerto procura adiestrarse a sí mismo, de ahí que suela pasar por alto lo que concierne a las cosas terrenales. Por esto los más altamente desarrollados, como los hombres más útiles, son precisamente aquellos que han abandonado la tierra más pronto. Hay, empero, casos indudables en que los muertos han intervenido en los asuntos humanos, y es verdad también que tales casos son más numerosos de lo que imaginamos. En muchos, el hecho ha sido el resultado de una sugestión en la mente de alguna persona viva aún en el plano físico, que ignoraba el origen de su feliz inspiración. Algunas veces, aunque también muy raras, es necesaria para el muerto la solicitud de aquél a quien ha de mostrarse, a fin y efecto de que los espiritualmente ciegos conozcan su buena intención hacia ellos, pues sería más perjudicial que beneficioso que se corporificaran de pronto sin que el necesitado de protección lo invocase. Por lo demás, no pueden mostrarse siempre a voluntad de quien lo desea. Hay ocasiones en que emplearían su protección, pero están incapacitados para hacerlo y no siempre sabemos la oportunidad de su sacrificio. Hay muchísimos otros casos, algunos de ellos referidos ya en mi obra: *El más allá de la muerte.*

La segunda categoría de protectores son los capaces de actuar conscientemente en el plano astral incluso mientras viven, o quizá diríamos mejor, mientras se hallan en su cuerpo físico, pues las palabras *vivo* y *muerto* se emplean muy impropiamente en el lenguaje ordinario.

Nosotros estamos sumergidos cuando nos hallamos en esta materia física, encerrados en la obscura y malsana niebla terrestre, cegados por el denso velo que nos impide percibir la luz y la gloria que resplandece a nuestro alrededor. Somos seguramente los verdaderos muertos, y no aquellos que han arrojado a su tiempo el fardo de la carne y permanecen entre nosotros radiantes, regocijados, fuertes, mucho más libres y mucho más capaces que nosotros.

Aquellos que en el mundo físico han aprendido a usar el cuerpo astral, y en algunos casos también el cuerpo mental, son frecuentemente los discípulos de los grandes Adeptos ya mencionados. No pueden llevar a cabo la obra que los Maestros hacen, pues sus facultades no están muy desarrolladas todavía, ni pueden aún actuar libremente en esos planos sublimes donde aquéllos producen sus magníficos resultados; pero pueden hacerlo a veces en los planos más inferiores, y están plenamente dispuestos a servir los mejores pensamientos en cualquier camino de aquéllos y a emprender la obra de que son capaces. Así, a veces ocurre que, viendo alguna desgracia o algún sufrimiento humano que pueden aliviar gustosos, intentan lo que pueden hacer por él. A menudo pueden auxiliar tanto a un vivo como a un muerto, pero hemos de recordar siempre que lo hacen bajo ciertas condiciones. Y cuando confieren tal poder y tal instrucción a algún hombre, lo hacen también condicionalmente. Nunca hará uso de ellos egoístamente, ni los ostentará por simple curiosidad, ni los empleará para husmear en los asuntos ajenos, ni hará lo que se llaman experimentos en las sesiones espiritistas; es decir, que no deberá hacer nada que pueda tomarse como un fenómeno en el plano físico. Podrá, si lo prefiere, enviar un mensaje a un muerto; pero está lejos de su poder el devolverlo de un muerto a un vivo sin las directas instrucciones del Maestro, pues el conjunto de los protectores invisibles no constituye en sí mismo un cuerpo policial ni una agencia de información astral, sino que sencilla y tranquilamente hacen tales obras como es dado hacerlas y como las hacen.

Muchos piensan que la protección en este sentido puede ser perjudicial, temerosos de una colisión con el actor de la gran ley de la Divina Justicia. Es en verdad una idea extraña suponer que el hombre contienda con la ley. Todos sabemos cuán a menudo sucede que nos empeñamos con todas nuestras fuerzas en auxiliar a un compañero, aun siendo incapaces realmente de hacer algo positivo por él. Éste es un caso claro en el que no está en el destino del hombre recibir ayuda, y por tanto no podrá hacerse nada en beneficio suyo. Aun entonces, nuestro esfuerzo no se perderá, aunque no se produzca el efecto que hemos intentado. Esa tentativa siempre nos producirá un gran bien, y podemos asegurar que producirá algún beneficio en quien hemos tratado de auxiliar, aunque lo deseado no se haya cumplido exactamente como hubiéramos querido. Es totalmente cierto que nadie puede obtener remisión de sus propias faltas, y que toda desdicha es el resultado de una culpa cometida en otro tiempo. Pero esto no es razón para flaquear en nuestro empeño por auxiliar a otra persona. Si sabemos que puede llegar al extremo del necesario sufrimiento, que ha de pagar justamente sus deudas y que necesita de una mano auxiliadora que le levante del lodazal, ¿por qué no hemos de ser nosotros la mano que haga esa buena obra? No hemos de temer jamás que nuestras débiles tentativas pugnen con las leyes de la Naturaleza, o que produzcan el menor embarazo a los seres que las administran.

Veamos cómo un hombre es capaz de hacer dicha obra y dispensar la protección que hemos descrito; así comprenderemos cuáles son los límites de su poder y veremos cómo podemos, en mayor o menor medida, conseguirlos. Debemos primeramente pensar cómo el hombre deja su cuerpo durante el sueño. Abandona el cuerpo físico de manera que queda en completo reposo, pero su alma no necesita descansar, porque no siente fatiga, y únicamente el cuerpo físico es el que se cansa. Cuando hablamos de la fatiga mental, no nos expresamos realmente bien, pues es el cerebro y no la mente quien se cansa. En el sueño, el hombre utiliza su cuerpo astral en vez del físico, y es únicamente el cuerpo lo que duerme, y de ningún modo el verdadero hombre. Si pudiéramos examinar a un salvaje durmiendo, probablemente hallaríamos que estaba casi tan dormido como su cuerpo, porque tendría escasísima conciencia en su vehículo astral. Sería incapaz de separarse de las inmediaciones donde durmiese su cuerpo físico, y si intentase hacerlo, volvería en sí despertando con verdadero terror.

Si examinamos un hombre más civilizado, como por ejemplo uno de nosotros, encontraremos una gran diferencia. En este caso, el hombre, en su cuerpo astral, de ningún modo permanecerá inconsciente, sino que estará pensando muy activamente. Sin embargo, podrá tener muy pocas noticias de su vecindad como el salvaje, aunque no sea por la misma razón. El salvaje está incapacitado para ver, y el hombre civilizado está muy consciente de su propio pensamiento, por lo que no puede ver, aunque lo desee. Tiene tras sí la inmemorial costumbre de una gran serie de existencias en las que no ha usado las facultades del plano astral, y así estas facultades, gradual y tardíamente, han desarrollado en él una costra, algo así como un polluelo encerrado en el huevo. Esa cáscara está compuesta de grandes masas de pensamientos egoístas, en los que de ordinario cae el hombre irremisiblemente. Todos los pensamientos que mayormente ocuparon su atención durante la mayor parte de la vigilia, la continúan ocupando casi siempre cuando se duermen, y quedan rodeados así de una valla hecha por ellos, por la que prácticamente nada conocerán de lo que sucede en lo exterior. De un modo ocasional, y muy raras veces, algún choque violento de lo externo, o algún fuerte deseo de su propio interior, puede desgarrar esa cortina de nieblas por un momento y permitirle recibir alguna impresión definida;

pero aun entonces la cortina vuelve a unirse inmediatamente y el sueño seguirá como antes.

¿Podrá disiparla algún día?, se preguntará. Efectivamente, lo que puede ocurrir en cuatro diferentes casos. Primero: en un muy remoto porvenir, la lenta, pero segura evolución del hombre disipará indudablemente de un modo gradual la cortina de niebla. Segundo: el hombre mismo, conocedor de las causas del hecho, puede por un firme y persistente esfuerzo despejar el camino de su íntima obscuridad y vencer gradualmente la inercia resultante de las etapas inactivas. Puede decidirse a intentarlo antes de dormir cuando deje su cuerpo, despertar y ver algo. Esto es sencillamente una aceleración del proceso natural, y no habrá peligro si tal hombre ha desarrollado previamente su razón y sus cualidades morales. Si éstas faltasen, podrá sentirse muy triste, pues corre el doble peligro de perder los poderes que ha adquirido y caer presa del pánico en presencia de fuerzas que no puede comprender ni detener. Tercero: en ocasiones, ha ocurrido, por algún accidente o por el empleo de ilegítimas ceremonias mágicas, que el velo no ha podido cerrarse de nuevo. En tal caso, el hombre ha quedado en la terrible condición tan admirablemente descrita por la señora Blavatsky en su cuento «Una vida encantada»[1], o por lord Lytton en su magnífica novela *Zanoni*. Cuarto: algún amigo de los que conozcan perfectamente a ese hombre y que le consideren capaz de resistir los peligros del plano astral y de hacer

---

1.- Véase *Sophia*, revista teosófica, año II, 1894 (N. del T.).

desinteresadamente el bien, puede hacer caer esa cáscara y despertarle gradualmente a más elevadas posibilidades. Pero no hará tal cosa a menos de creerle absolutamente seguro, con ánimo, con devoción y en posesión de las cualidades necesarias para obrar bien. Si en todos estos aspectos ha sido juzgado favorablemente, se le invitará a unirse a la hueste de protectores.

Por lo que se refiere a la obra que hacen semejantes protectores, he ofrecido muchísimos ejemplos en la primera parte de esta obra, titulada *Protectores invisibles*; no repetiré, pues, aquellos casos ahora, pero sí indicaré principalmente las diversas clases de obras que efectúan de un modo más relevante. Es natural que haya una gran variedad de géneros y que muchísimas de ellas no se efectúen físicamente; sin embargo, podemos agruparlas en dos clases: actuaciones en los vivos y actuaciones en los muertos.

El hecho de proporcionar a un sujeto consuelo en la tristeza o en la enfermedad, es comparativamente una tarea facilísima para ellos, y uno puede estar así constantemente auxiliado sin saber por quién. Es lo que les pasa, con frecuencia, a las personas que experimentan una gran perplejidad y que por la noche se acuestan preocupadas por algún problema insoluble; en tal caso, muchas veces pueden obtener una solución, o más bien ser ayudados por una decisión adecuada.[1] Esto jamás se efectuará sugestionando

---

1.- En la sabiduría popular existe el prudente y oculto consejo que dice: «Consulte con la almohada» (N. del T.).

o influyendo en la mente de nadie; y no debemos pensar que el protector sea una especie de hipnotizador. Es muy fácil, también, que alguien imagine que el protector influye por un designio o un propósito deseado por él, pero eso sería violar uno de los más estrictos preceptos de su obra. Este caso puede presentársele al hombre que duda, pero aceptada esta opinión, arguye a favor de lo contrario, pues el protector no deberá ejercer su poder aunque el hombre lo consienta hasta que se asegure que puede ocurrir un desastre si no se acepta su consejo. Pero hay muchísimos indagadores ardorosos que ansían realmente la luz, y el proporcionársela, como el disponerlos para que la produzcan, es uno de los más grandes placeres del protector. Las sugestiones pueden hacerlas, y constantemente las hacen a escritores, predicadores, poetas, artistas, así para los asuntos que escogen, como para la manera de tratarlos, y desde luego sin ningún conocimiento por parte del receptor de la inspiración. Además, el protector piensa ser así un perfecto compañero dando tales nuevas y originales ideas, pero no le da importancia, pues ningún protector desea vanagloriarse por lo que hace. Si poseyese tal sentimiento de autoglorificación, inmediatamente quedaría excluido del rango de protector. Muchos en varias ocasiones tienen a su lado como protector a un predicador o a un escritor, y pueden gracias a su intercesión ampliar y ver más liberalmente un asunto que él previamente ha visto; y aunque a veces es imposible alcanzar este favor, no obstante, en muchos casos se logra algo de ello en el plano físico.

Los Ángeles Custodios

Frecuentemente se esfuerzan en apaciguar las discordias, y propician una reconciliación entre aquellas personas que hace tiempo se separaron por diferencias de opiniones o de intereses. A veces les ha sido imposible advertir a los hombres de algún grave peligro que les amenazaba para que lo evitasen. Y han existido casos en que tales advertencias se hicieron hasta en presencia de cosas puramente materiales; pero lo más general es que se den esos avisos sobre peligros morales. De un modo ocasional, y en contadísimos casos, se les permite ofrecer un solemne aviso a la persona que lleve una vida libertina para hacerle volver así al buen camino. Cuando saben también que ha de ocurrir en un momento determinado un particular trastorno a un amigo, se esfuerzan en defenderle y le prestan fuerza y vigor.

En las grandes catástrofes, también con muchísima frecuencia, los protectores hacen una labor muy beneficiosa, cuya actuación desconoce el mundo exterior. A veces permiten que una o varias personas se salven; y así ocurre que con motivo de una temible y espantosa calamidad oímos que alguien ha escapado de ella, y lo consideramos como un milagro. Pero esto acontece sólo cuando entre los que están en peligro hay uno que no debe morir en el trance, uno que debe a la ley divina algo que ha de pagarse en dicha forma. En la gran mayoría de los casos, todo aquel que puede, hace algún esfuerzo para comunicar fuerza y ánimo frente al suceso, y en cuanto pasan las almas al plano astral, desde luego las acogen y asisten amorosamente.

Esto nos lleva a considerar una de las partes más grandiosas e interesantes de nuestro trabajo: la protección a los muertos. Pero antes de tratar este punto, conviene disipar las ideas erróneas y ordinariamente equívocas que hay acerca de la muerte y de la condición de los muertos. Los muertos no están muy lejos de nosotros, no han cambiado total y repentinamente, y no se han trocado en ángeles o en demonios. Son simplemente seres humanos, exactamente como lo fueron antes, ni mejores ni peores, y están aún más cerca de nosotros que en otro tiempo, siendo sensibles a nuestros sentimientos y a nuestros pensamientos. Hemos de procurar por lo tanto liberarnos de la antigua y extraña ilusión de que un muerto es algo concluido y que nada puede hacerse por él. Hay realmente —por extraño que parezca— cientos de personas que sinceramente creen que pueden pensar y pedir por sus amigos mientras están con vida; pero que en el momento que desaparecen, no sólo juzgan inútil, sino hasta nocivo rogar y pensar en ellos cariñosamente. Parecerá increíble que un ser humano pueda mantener tan insana doctrina, pero es un hecho incontestable que aún hay en esta vigésima centuria personas aferradas a tan extraña superstición. La verdad es exactamente lo contrario, pues precisamente cuando el hombre ha muerto, es cuando más fácilmente puede sentir y aprovecharse de los buenos y cariñosos pensamientos y oraciones de sus amigos. No posee ya un pesado cuerpo físico para exteriorizar su simpatía, pero vive en el cuerpo astral, que es el verdadero vehículo de la emoción, y así, siente todo contacto e instantáneamente puede reaccionar a él. Es así cuando el dolor es egoísta como irresistiblemente se apena el muerto. El muerto siente toda emoción que pasa por el corazón de sus amados. Si éstos se entregan desconsideradamente a la pena, que produce una correspondiente bruma de depresión sobre él, dificultan su estado. Eso es algo que sus amigos debían haber comprendido mejor.

Hay también muchos maneras de auxiliar al muerto en diferentes aspectos. Primeramente, muchos de ellos, por no decir la mayor parte, necesitan una explicación acerca del nuevo mundo en que se encuentran. Su religión debió haberles instruido en lo concerniente a sus nuevas condiciones de vida, pero en la inmensa mayoría de los casos no se dice nada sobre el particular. Las horrendas falsedades tan comúnmente extendidas respecto al fuego eterno y otros horrores teológicos perjudican tanto después de la muerte como durante la vida terrena, pues aunque parezca increíble, hay gentes que creen en tan grotesco y cruel absurdo que les amarga la existencia. Están convencidos que a menos de ser sobrehumanamente buenos (y actúan justo al contrario) están amenazados de un fuego eterno, y con frecuencia son también tan imposibles las condiciones de fe para alcanzar la «salvación», que ninguno está seguro de haberlas satisfecho completamente. Por esto, suele ocurrir que muchos de ellos se encuentran bajo una gran inquietud y que otros lo están bajo un innegable terror. Necesitan ser auxiliados y confortados, pues cuando encuentran el terrible fantasma que ellos y sus antecesores han engendrado a lo largo de los tiempos —ideas de un demonio personal y de una horrible y cruel deidad—, quedan reducidos a un lamentable estado de temor, que no sólo es excesivamente terrible, sino perjudicial para su evolución, y naturalmente, al protector le cuesta mucho tiempo y trabajo llevarle a una comprensión más razonable.

Hay hombres a quienes esta entrada a una nueva vida parece que les da por primera vez una ocasión para verse a sí mismos como realmente son, y entonces algunos de ellos se llenan de remordimientos. Aquí otra vez los servicios del protector necesitan explicarse, pues lo que ha pasado ha pasado, y el único arrepentimiento efectivo es reconocer que cuanto ha podido hacer no se ha perdido para el alma, pero que, desde luego, debe empezar a buscarse a sí mismo y esforzarse en vivir la verdadera vida en el futuro. Algunos de ellos se apegan apasionadamente a la tierra donde todos sus pensamientos e intereses se han fijado, y sufren mucho cuando la han perdido y suspiran por ella. Otros están aterrados por el pensamiento de las culpas que han cometido o de los deberes que han dejado incumplidos, mientras otros, a su vez, están acongojados por la situación de aquellos que han abandonado. Todos estos casos necesitan una explicación, y a veces es también necesario para el protector guiar sus pasos en el plano físico con objeto de realizar los deseos del muerto, y así dejarle el paso libre y franco para más cometidos. Las personas tienden a considerar solamente la parte obscura del espiritismo, pero no debemos olvidar nunca que ha proporcionado una gran cantidad de bien en esta clase de trabajo, dando a los muertos una oportuna intervención en sus asuntos tras una súbita e inesperada partida.

Un hombre puede en ocasiones ser liberado de sus malas compañías, después de muerto, justamente como pudiera serlo durante su vida. Hay hombres de todas clases, y los hay que, en vez de sentir remordimientos por sus malas acciones, todavía se esfuerzan por acrecentarlas o continuarlas. El hombre que ha frecuentado los antros del vicio durante su vida, no es raro que continúe haciéndolo tras la pérdida de su cuerpo físico. Ahora bien: pueden suministrarse al muerto ciertas enseñanzas de todo tipo, que podrán ser de la mayor utilidad para él, no respecto de la vida que entonces vive, sino para el conjunto de sus existencias futuras. Sé cuánto se resisten muchos a aceptar la realidad mencionada, a comprender que los muertos están cerca de nosotros, y que el protector puede hablar y comunicarse con ellos como si fueran seres físicos aún. Muchas personas lo creen imposible y nos piden pruebas de ello. Yo no sé cómo podemos obtener pruebas si no estudiamos este asunto, examinando pacientemente la evidencia, y finalmente desarrollando en nosotros el poder de verlo y oírlo. Aquellos para quienes todo esto es un asunto de la experimentación diaria, apenas procuran argüir sobre ello. Si un ciego viene hacia nosotros y trata principalmente de convencernos de que una cosa no es tal como la vemos, no insistiremos para no perder el tiempo discutiendo con él, sino que diremos: Lo he visto y mi experimentación diaria me lo ha demostrado, aunque a otros hombres, creyentes o no creyentes, no les haya afectado el hecho. Yo pienso que el escéptico a veces olvida que no hacemos proselitismo, y que si él no puede creer, sólo él pierde.

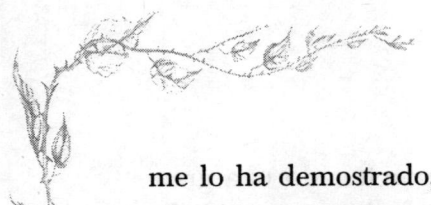

Es un hecho, pues, el que puedan suministrarse directamente enseñanzas a un muerto. Él no podrá obtener detalles de su próxima vida terrestre, pero podrá, sin embargo, almacenar conocimiento en su alma, así que cuando esté próximo a materializarse en el plano físico, podrá enseguida comprenderlo, e instintivamente reconocer lo que es verdad. Otro punto es el de la disponibilidad del cuerpo astral por el deseo elemental. No tengo tiempo ahora para entrar en detalles de este proceso explicado en las páginas 121 y siguientes, pero afecta al progreso del hombre en los estados *post mortem*, y el protector puede mostrarle cómo vencer tales dificultades.

Seguramente es un feliz pensamiento el que el tiempo de más necesario reposo para el cuerpo, no es necesariamente un período de inactividad para el hombre interior. En un tiempo creí que el espacio concedido al sueño se malgastaba lastimosamente; pero ahora comprendo que la Naturaleza no despilfarra sus dones, hasta el punto de desperdiciar un tercio de la vida del hombre. Desde luego, se requieren ciertas condiciones para esta obra, pero las he indicado ya tan cuidadosamente al final de mi obra antes citada, que no necesito más que mencionarlas aquí: 1.° Se ha de tener un solo propósito, el de ayudar a los demás. 2.° Debemos tener un perfecto dominio sobre el temperamento y los nervios. Nunca debemos guiarnos por las emociones, impidiendo así que el trabajo se debilite gradualmente y hemos de sobreponernos al temor. 3.° Hemos de estar perfectamente serenos, tranquilos y complacientes. Los hombres sujetos a la desesperación y al cansancio son inútiles, pues gran parte de su trabajo ha de consistir en cuidar y calmar a los demás, ¿y cómo podrían hacerlo los que constantemente se hallasen en un mar de excitaciones y fatigas? 4.° El hombre debe adquirir ciencia, ha de recibir ya instrucción aquí abajo, en este mundo, de todo lo que podrá realizar en el otro, pues no ha de esperar que los protectores pierdan su precioso tiempo en enseñarle lo que ya debería haber aprendido por sí mismo. 5.° Debe ser completamente desinteresado. Ha de sobreponerse a los sentimientos disparatados y malsanos. No ha de pensar en sí mismo, sino en el trabajo que hace; así pues, deberá alegrarse cumpliendo los más humildes deberes sin arrogancia ni envidia. 6.° El corazón le debe rebosar de amor. No será un sentimentalista, pero sentirá el intenso deseo de servir, de ser como el canal por el que el amor y la paz de Dios se transferirán inteligentemente al protegido.

Se puede pensar que éste es un modelo imposible, pero, por el contrario, es accesible a cualquier hombre. Hará falta tiempo para lograrlo, pero seguramente será un tiempo bien empleado. No nos separemos descorazonados; en vez de eso, dediquémonos al trabajo ahora mismo, y esforcémonos en ser aptos para esta gloriosa empresa, y mientras la ejecutamos no debemos estar ociosos, sino esforzarnos en conducir una parte del trabajo a lo largo de sus líneas. Cada uno conoce algún caso de pena o de aflicción, ya sea entre vivos o entre muertos, eso da igual; si conocéis uno, fijadlo en vuestra mente cuando caigáis en el sueño y decidíos a ir hacia esa persona cuando estéis libre de vuestro cuerpo físico, y empeñaos en confortarla. No podréis tener conciencia del resultado, no podréis recordar nada a la mañana siguiente, pero a buen seguro que vuestra intervención no será estéril, y tanto si recordáis lo que habéis hecho como si no, será muy cierto que habréis hecho algo positivo. Algún día, más tarde o más temprano, se evidenciará que habéis obtenido éxito. Recordad que así como ayudemos seremos ayudados; recordad que desde lo más bajo a lo más elevado estamos todos incluidos en una larga cadena de mutuos servicios, y que aunque estamos en el peldaño más bajo de la escala, llega desde esta tierra de niebla a las regiones donde sempiternamente brilla la luz de Dios.

En el Crepúsculo

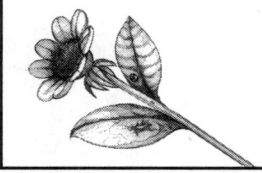

Reunidos unos cuantos individuos, en amigable conversación, a la caída de la tarde, la conversación recayó sobre el suicidio. Reuníanse de este modo una vez al mes, cuando el sol, al ocultarse, invita a participar de la quietud que se esparce sobre la naturaleza. Los habitantes de las grandes ciudades no gozan de esa hora de silencio del crepúsculo vespertino; en ellas no se oyen los sonidos encantados de las campanas tocando a vísperas uno y otro día. El pequeño círculo solía discutir un punto de interés cualquiera que hubiese surgido dentro de la esfera de percepción de cualquiera de sus individuos en el mundo físico, en el astral y en el mental; y el número de suicidios registrados a la sazón por los periódicos, había hecho recaer la conversación, esta vez, en asunto tan debatido.[1]

—Si pudiéramos hacer comprender a esa gente que *no pueden* matarse —observó el Pastor meditabundo—, que sólo consiguen liberarse de su cuerpo físico y que indudablemente pierden con ello, puede ser que no se mostrasen tan dispuestos a abrirse agujeros en el cuerpo o a suicidarse en el agua.

—Ahí está la dificultad —dijo el Erudito—. Las horrendas historias que nos refieren nuestros videntes de los resultados del suicidio en el mundo astral no son muy conocidas por el público, y aunque las conozca no las cree.

—En mi opinión, pintan un infierno real y verdadero —comentó la Marquesa—. Uno de nuestros videntes me refirió una historia el otro día, que era tan espantosa en sus horrores, como cualquiera de las descripciones del *Infierno* de Dante.

—Contadla otra vez, ¡oh Vagabundo Astras! —exclamó el más joven de la reunión, cuyo afán por tales narraciones era insaciable—. Contadla otra vez.

—Pues bien: se trata de una historia horripilante —comenzó diciendo el Vagabundo en tono tímido y de excusa—. Hace algunos cientos de años había dos amigos, medio mercaderes, medio aventureros, que durante algunos años habían viajado juntos, compartiendo la buena y la

---

1.- Las historias que se refieren en estos anales son auténticas, a menos que se declare terminantemente lo contrario en algún caso particular; esto es, son experiencias verdaderas.

mala fortuna. El más viejo, Hassán, había salvado al más joven, llamado Ibrahim, de perecer de hambre y sed en el desierto, pues lo encontró tendido sin conocimiento junto a su camello, al cual había matado para obtener de él un último sorbo de vida. Hassán, que pasaba a la sazón solo por aquel sitio para ir a reunirse con la caravana, encontró sobre las ardientes arenas al hombre y la bestia, ambos muertos en apariencia. El corazón del hombre, sin embargo, latía aún débilmente, y pudo revivir lo bastante para que Hassán lo montara sobre su camello y lo salvara. Ibrahim, que era montaraz, temerario y colérico, sintió desde aquel día un profundo afecto por su salvador, y durante algunos años vivieron como hermanos. Sucedió que tropezaron casualmente con una banda de árabes, y vivieron durante cierto tiempo con ellos. Fue entonces cuando la mala suerte quiso que el bello rostro de la hija del jefe atrajera las miradas de ambos, y los dos hombres se enamoraron perdidamente de la bellísima muchacha. El carácter de Hassán, más firme y bondadoso, se granjeó su confianza y su cariño, mientras que la pasión furiosa de Ibrahim sólo le causaba terror. Cuando éste se dio cuenta de la verdad, se despertó el tigre en la salvaje naturaleza del joven. Devorado por furibundos celos, Ibrahim resolvió, en meditación sombría, conseguir a toda costa su deseo, y mató a Hassán a traición en una ocasión en que ambos tomaban parte de un combate contra sus enemigos; luego partió en veloz galope al campamento, saqueó la tienda del jefe, y cogiendo a la muchacha, la atravesó sobre su veloz camello y huyó. Durante un breve tiempo vivieron juntos, época tormentosa de pasión febril y de sospechas recelosas por parte de él; y de sumisión sombría y de constantes planes de fuga por parte de ella. Un día, al volver de una corta excursión, encontró la jaula vacía: la bella muchacha había volado y le había robado sus tesoros. Furioso por su amor burlado y por el odio, la buscó locamente algunos días, y por último, en una tempestad de celos y de desesperación, se arrojó en la arena, se degolló, y balbuciendo una maldición, expiró. Un choque como la fuerza eléctrica, una llamarada de fuego cárdeno, una agonía concentrada de tejidos que se desgarraban, de partes que se separaban con violencia, y la estremecida forma etérea fue violentamente arrancada de la densa materia, y aquel hombre ciego y alocado se encontró aún vivo en el plano astral, mientras que su cadáver yacía inerte sobre la arena. Tras un confuso torbellino de sensaciones, de agonizante lucha, como la del nadador experto cuando se hunde bajo las olas, Ibrahim se encontró en el mundo astral rodeado de una lúgubre y densa obscuridad, un ser vil en todos los sentidos, desesperado y abrumado de horror. Los celos, la rabia, la furia de la pasión burlada y del amor traicionado, desgarraban las fibras de su corazón, y la siniestra energía, que ya no se gastaba en mover la pesada masa del cuerpo físico, infligía una agonía mucho más aguda de lo que jamás soñara como posible en la tierra. La forma sutil respondía a cada palpitación del sentimiento, y cada dolor centuplicaba su fuerza, así que los sutiles sentidos contestaban a cada oleada de angustia, porque no existía la muralla del cuerpo que quebrantase la fuerza de aquellas olas cuando se precipitaban sobre el alma. ¡Ah, aún dentro de este infierno, un infierno todavía más negro! ¿Y qué es esa cosa informe, horripilante, que flota a su lado como llevada por una corriente invisible, sin sentido, ciega, con marcas horribles de heridas siempre abiertas, con coágulos de sangre fétida? El aire se hace aún más pesado y más pútrido a medida que aquella descomposición avanza; ¿y es el viento el que, cuando aquello pasa, gime: «¡Hassán!... ¡Hassán!... ¡Hassán!»? Con un grito ahogado en un ronco sollozo, Ibrahim salta hacia adelante y se precipita, enloquecido, sin saber hacia dónde, para huir de este terror flotante, de este cadáver aborrecido de un amigo traicionado. Seguramente ha conseguido escapar, ha huido con la velocidad de un antílope perseguido; al detenerse anhelante, algo surge por encima de su hombro; mira aterrorizado en torno suyo... ¡allí está!

Entonces comienza una caza, si se le puede dar tal nombre cuando el cazador es inconsciente y pende insensible del perseguido, pareciendo siempre deslizarse lentamente, sin objeto, y, sin embargo, siempre a su lado, aunque corra el otro velozmente. Abajo... más abajo, en precipicios sin fondo de lóbregos vapores, una pausa, y el horripilante contacto de la masa informe flotante, con todo el horror que lo envuelve como una nube. ¡Fuera, fuera de aquí! A las cavernas más sórdidas del vicio, donde las almas encadenadas a la tierra se regocijan con las orgías más abyectas, y esas aglomeraciones le protegerán seguramente contra el temido intruso; pero no, avanza flotando como si allí no existiese multitud alguna, y aparentemente sin objeto se balancea junto a sus hombros. Si hablase, si maldijese, si viese, si diese deliberadamente fuertes golpes, un hombre podría hacerle frente; pero esta masa ciega, silenciosa, informe y flotante, con su presencia lúgubre persistente, es enloquecedora, intolerable, y, sin embargo, no hay medio de escapar de ella. ¡Oh! ¡Quién estuviera otra vez en el ardiente desierto, con el firmamento sin límites sobre su cabeza, hambriento, robado, traicionado, abandonado, pero en un mundo de hombres fuera de estos horrores insensibles, flotantes, en profundidades sin aire, lúgubres, viscosas!

Los tonos tranquilos del Pandit rompieron el silencio en que se había desvanecido la voz del Vagabundo:

—Eso parece hacer más reales las pinturas de Náraka. No son cuentos de viejas, después de todo, si el mundo astral contiene tales castigos a los crímenes cometidos aquí.

—Pero Ibrahim no será perseguido siempre de este modo —dijo nuestro joven compasivamente, a la vez que en su aura vibraban ondas del más precioso color rosado.

—Seguramente que no —contestó el Vagabundo, sonriendo—. El infierno eterno no es más que un espantoso sueño de la ignorancia que ha seguido a la pérdida de la gloriosa doctrina de la reencarnación, que nos demuestra que todo sufrimiento no hace más que enseñar una lección necesaria. Ni todos los suicidas aprenden sus lecciones en circunstancias tan tristes como las que rodearon al desgraciado

En el Crepúsculo

Ibrahim. Contadnos, Pastor, ese asunto del suicida, a quien vos y nuestro joven habéis ayudado la otra noche.

—¡Oh! ¡No puede llamarse una historia! —dijo el Pastor, perezosamente—. Es una sencilla descripción; pero tal como es, os la cuento. Había un hombre que se vio agobiado por gran número de desgracias que le atormentaron hasta un punto increíble, en una palabra, hasta el punto de producirle una fiebre cerebral. En su estado normal de salud, era muy buena persona, pero se vio reducido a una lastimosa ruina de nervios descontrolados. En este estado pasaba una noche por un campo en donde hacía unos sesenta años que un libertino se había suicidado; y este elemento, atraído por su mórbida melancolía, se pegó a él y empezó a insinuarle pensamientos de suicidio. Este pobre hombre había derrochado su fortuna en el juego y en la mala vida, y culpando al mundo de sus desaciertos, se había matado, jurando vengar en otros sus supuestos agravios. Esto lo había llevado a cabo, induciendo al suicidio a gentes cuya situación de ánimo los dejaba propensos a su influencia, y nuestro pobre amigo fue víctima suya. Después de luchar unos días contra estos impulsos diabólicos, sus excitados nervios cedieron, y se suicidó pegándose un tiro en aquel mismo campo. De más está decir que se encontró en el más allá, en el subplano inferior del mundo astral, en medio de las temibles condiciones que ya sabemos. Allí permaneció muy sombrío y miserable, agobiado por el remordimiento y sujeto al escarnio y las burlas de su afortunado tentador, hasta que finalmente empezó a creer que el infierno era una realidad, y que nunca lograría escapar de su triste estado. Había permanecido de este modo unos ocho años, cuando nuestro joven le encontró —prosiguió diciendo el Pastor, atrayendo a sí al muchacho—, y como era principiante en tales escenas, prorrumpió en tal explosión de compasión y simpatía que de regreso a su cuerpo físico, despertó llorando amargamente. Después de consolarle, tuve que hacerle ver que la simpatía de esta clase era poco fructuosa, y luego volvimos juntos a encontrar a nuestro desgraciado amigo. Le explicamos la situación, le animamos y consolamos, haciéndole comprender que sólo se hallaba sujeto por su propia convicción de que no podía redimirse, y al cabo de pocos días tuvimos la dicha de verlo fuera de aquel subplano inferior. Desde entonces ha seguido progresando, y antes de mucho tiempo, quizás dentro de un año o cosa así, pasará al devacán. Como veis, esto no puede llamarse una historia, según os dije.

—Una historia muy buena —rectificó el Doctor—, y del todo necesaria para quitar el sabor de los horrores del Vagabundo de nuestras bocas psíquicas.

—Comentando otro asunto —dijo el Archivero—, he aquí un relato interesante ocurrido en Suecia sobre una aparición en el momento de la muerte, vista por dieciséis personas. Nos lo remite uno de nuestros miembros.

—Guardadlo para la próxima vez —indicó el Erudito—, pues se hace tarde y hacemos falta en otra parte.

Cuando nuestros amigos volvieron a verse en su reunión mensual, exclamaron unánimemente: «¡la historia del fantasma!» prometida por el Archivero; y en contestación, sacó éste de su bolsillo una voluminosa carta, diciendo:

—Esta carta es de una de nuestras estudiantes, de Treya, que va a menudo a Suecia, y refiere una historia relacionada con ella en un viaje muy reciente. He aquí lo que dice: «Durante el otoño de 1896, viajando yo de la costa oriental de la isla de Gothland hacia la ciudad de Wisby, fui invitada a pasar una noche en la rectoría del Pastor O. de esta parroquia; hombre de unos cincuenta años, es un trabajador incansable, fervoroso, interesado en la bellísima iglesia que se halla a su cargo, y uno de sus más ardientes deseos es poder restaurar dignamente esta maravillosa obra de arquitectura. Emplea una ingente actividad en sus esfuerzos por reunir los fondos necesarios, y no pierde ninguna oportunidad para ello. Me impresionó mucho el rostro de este amigo nuestro, el Pastor O.; lo encontraba particularmente benigno y tranquilo, con ojos claros y expresivos, que parecían decirme que estaban dotados de algo más que de una visión ordinaria; la forma de su boca era también firme y decidida, pero singularmente dulce. Aquella noche, después de cenar, nos hallábamos hablando en una de las habitaciones contiguas a su estudio. Yo había descubierto que el Pastor era músico, pero de este asunto pasó la conversación al terreno del misticismo, y discutió sobre cosas de naturaleza psíquica. Entonces descubrí que mi impresión respecto de nuestro amigo había sido justa, pues una vez en este terreno, parecía estar en él como en cosa propia, y nos presentó numerosos ejemplos de sus experiencias psíquicas, sin darles gran importancia, pues parecía que le habían sido familiares toda su vida. Una de estas experiencias es la que voy a referiros, exponiéndola, en la medida en que pueda acordarme, con sus mismas palabras:

«Durante algunos años de mi primera juventud —comenzó diciendo—, estuve en una escuela en la parroquia de Tingstäde, y como mi casa estaba algo lejos, me alojaba, en compañía de otro condiscípulo, en casa de una vecina llamada Smith. La buena señora tenía una casa bastante grande y se ganaba la vida admitiendo huéspedes; efectivamente, no eran menos de dieciséis personas las que allí vivían en el tiempo a que me refiero. La señora Smith actuaba en ocasiones como asistenta y se ausentaba a menudo. Una tarde, en la mitad del invierno, nos dijo que se marchaba a hacer una visita, y que no podría, probablemente, volver hasta el día siguiente; y así, preparó todo lo necesario para nuestra comida, y recomendándonos mucho que tuviésemos cuidado con las luces y el fuego, se marchó. En las primeras horas de aquella noche, según costumbre, nos ocupamos en preparar nuestras lecciones para el día siguiente. A eso de las nueve y media nos acostamos, habiendo cerrado la puerta y apagado la luz; pero había en la habitación suficiente claridad, producida por los leños encendidos de la chimenea, que nos permitía distinguir perfectamente todos los objetos. Estábamos hablando tranquilamente, cuando de repente vimos al lado de nuestra cama, y mirándonos con fijeza, la figura de un hombre alto, de mediana edad, con aspecto de aldeano, vestido con ropas ordinarias de color gris, y nos pareció verle un gran parche en la pierna izquierda y otro en el lado izquierdo del pecho. Mi compañero me dio un fuerte codazo para llamarme la atención y murmuró: ¿quién es ese hombre tan feo? Le hice señas de que callase, y ambos permanecimos quietos, observando ansiosamente. El hombre estuvo mirándonos durante un buen rato, y luego se volvió y empezó a pasear de arriba abajo por la habitación, produciendo sus pasos un sonido especial, como si pisase nieve. Fue a la cómoda y empezó a abrir y cerrar los cajones, como si buscase algo, y después se dirigió a la estufa y empezó a soplar suavemente los leños aún encendidos, alargando sus manos como para calentarlas. Después de esto volvió al lado de la cama y de nuevo empezó a fijar la vista en nosotros. Al mirarle, observamos que podíamos ver los objetos a través de él: al otro lado del cuarto, a través de su cuerpo, veíamos claramente la mesa escritorio, y mientras mirábamos su forma, empezó a desvanecerse gradualmente y desapareció de nuestra vista. Lo extraño del suceso nos dejó desazonados y nerviosos, pero no nos movimos de nuestra cama, y por fin nos dormimos. Cuando nos levantamos por la mañana, nuestra puerta seguía cerrada; pero al referir lo que habíamos visto, supimos que el mismo visitante fantasma se había aparecido en todas las habitaciones de la casa, cuyas puertas estaban cerradas, y que las dieciséis personas que habían dormido allí aquella noche habían visto la misma figura. Por otra parte algunas de estas personas, que hacía tiempo que residían allí, reconocieron en la figura al marido de nuestra anfitriona; un hombre vil, que nunca había hecho nada útil, y que durante años había vivido separado de su mujer, de modo que hacía tiempo que era un vagabundo. Esta extraña coincidencia fue causa de que algunos de los huéspedes investigasen si a semejante hombre se le había visto por aquellos contornos, poniéndose en claro que aquella misma noche, un poco después de las nueve, había llamado a la puerta de una casa de labranza, situada a dos millas de distancia, y había pedido que le diesen alojamiento, pero como no había habitación disponible, le indicaron que fuese a la próxima casa de labranza, poco distante de allí. Al oír esto los exploradores, buscaron enseguida las huellas en la nieve y muy pronto encontraron las de sus pisadas. Después de seguirlas en un corto trecho, encontraron un zueco, y unos cuantos pasos más adelante descubrieron el cadáver del mismo hombre medio enterrado bajo un gran montículo de nieve. Al darle la vuelta al cuerpo se vio que tenía adherido al lado izquierdo del pecho un gran trozo de nieve helada y otro en la rodilla izquierda, precisamente en el mismo sitio donde nosotros habíamos notado los parches blancos en las vestiduras de la aparición. Aunque yo era ya un muchacho cuando esto sucedió, me causó una impresión tan profunda y perdurable, que he conservado aquel recuerdo vívidamente durante toda mi vida. He tenido otras experiencias, pero ésta es, en verdad, una de las más notables de las que me han ocurrido.» Y si hubieseis oído esta historia como yo, referida de un modo sencillo y escueto, no hubierais dudado de su veracidad. Una historia de fantasmas muy interesante y razonable, me parece —dijo a modo de conclusión el Archivero.

—Debió haber sido un fantasma visible como pocos —observó nuestro joven—. Seguramente de las dieciséis personas no todas tenían visión astral.

—La visión etérea hubiera sido suficiente en tales circunstancias —dijo el Vagabundo—. El hombre acabaría de dejar el cuerpo dentro y estaría revestido del etéreo. Muchas personas están tan próximas al desarrollo de la visión etérea, que una ligera tensión de nervios basta para ocasionarla; en un estado normal de salud aun los ciegos verían lo etéreo. Una amiga mía desarrollaba a veces este sentido. Siempre que se hallaba fatigada, enferma o en extremo preocupada, empezaba a «ver fantasmas», que desaparecían tan pronto como sus nervios volvían al estado normal. Una vez tuvo una experiencia muy angustiosa inmediatamente después del fallecimiento de una amiga muy querida, que se apareció como un fantasma, todavía revestida de su cuerpo etéreo en descomposición. Esta horrible vestimenta se deshacía a la par que se descomponía el cuerpo enterrado, de suerte que el pobre fantasma aparecía cada vez más andrajoso y mucho más horrible al transcurrir el tiempo. La señora Blavatsky, al ver a la desagradable visitante siempre alrededor de la casa y del jardín, la liberó bondadosamente de su incómodo entorpecimiento, pasando entonces a la vida astral normal.

Sin embargo, la visión etérea no es lo bastante como común para explicar de un modo plenamente satisfactorio cómo fue visto por tanta gente el fantasma sueco.

—Parece que hay dos modos de hacerse visible un fantasma a personas que no poseen la visión etérea ni la astral —dijo el Pastor—. Puede estimular temporalmente la vista física dándole el poder etéreo, o bien puede densificarse lo suficiente para que lo perciba la visión ordinaria. Creo que no comprendemos bien cómo se materializa una persona vulgar. Nosotros sabemos perfectamente cómo materializar nuestros propios cuerpos astrales cuando es necesario, y hemos visto a nuestro joven materializarse bajo el poder de una fuerte emoción y un gran deseo de socorrer, aun cuando no sabe todavía hacerlo científicamente y a voluntad. Pero después de lo que llamamos muerte, el alma desencarnada, por regla general, no sabe cómo materializarse, aunque puede aprender enseguida a hacerlo si se lo enseñan, como puede verse en muchas sesiones espiritistas. Cuando una persona se muestra después de la muerte ante la visión ordinaria, sospecho que generalmente se halla dominada por algún deseo vehemente, y trata de expresarlo; inconscientemente se materializa bajo el impulso de su deseo, pero no veo claro el *modus operandi*. Probablemente el hombre en cuestión buscaba un refugio, sus pensamientos se dirigieron de un modo intenso a su casa y esto le dio el impulso que lo materializó.

—Pudo haber estado buscando a su esposa de un modo vago —añadió la Marquesa—. Muchos vagabundos que han hecho su hogar insoportable, vuelven a él cuando se hallan en desgracia. Probablemente este hombre era menos desagradable en su forma etérea que en la física.

—No debemos olvidar —dijo el Doctor—, que hay otra posibilidad en semejante aparición. El cerebro del hombre moribundo envía un pensamiento vigoroso que choca contra el cerebro de la persona en quien piensa, haciendo surgir en él un cuadro, una imagen mental de sí mismo, que puede ser proyectada por la persona receptora y ser vista por él como una forma objetiva. Entonces tendríamos una aparición fruto de una alucinación, como dirían nuestros amigos de la Sociedad de Investigaciones Psíquicas.

—Los seres astrales sujetos a la tierra son responsables de más apariciones que los dobles etéreos —observó el Vagabundo—. Es curioso cómo están apegados a los sitios donde han cometido crímenes.

—Aún es quizá más curioso —replicó el Pastor— cuando están apegados a objetos, como tuve ocasión de comprobar una vez. Un amigo mío poseía un puñal al que se le atribuía la terrible propiedad de inspirar a todo el que lo empuñaba el deseo de matar a alguna mujer. Mi amigo era escéptico, pero miraba el puñal con cierta duda, porque cuando lo empuñaba se sentía tan extraño que enseguida lo soltaba. Era notorio que por lo menos dos mujeres habían sido asesinadas con el puñal. Yo lo tomé una vez para hacer algunos experimentos, y me senté solo un día con el puñal en la mano. Sentí la curiosa sensación como si tirasen de mí, como si alguien tratase de hacerme marchar; me negué a moverme y traté de ver lo que era. Vi un hombre de aspecto salvaje que parecía muy encolerizado porque no obedecía a sus esfuerzos, y trataba de meterse dentro de mí, por decirlo así; intento al cual, naturalmente, me opuse. Le pregunté lo que estaba haciendo, pero no me entendió. Entonces miré más arriba, y vi que su esposa le había dejado por otro hombre, que los había encontrado juntos y les había dado varias puñaladas con el arma del mismo hombre, el arma misma que yo tenía en la mano. Luego había jurado venganza contra la totalidad del sexo, y mató a la hermana de su esposa y a otra mujer. Después de muerto se había apegado al puñal y había obsesionado a sus diversos poseedores, impeliéndolos a asesinar mujeres, y con gozo salvaje había contemplado sus muchos éxitos. Grande fue su cólera ante mi inesperada resistencia. Como no podía hacerle recapacitar, se lo endosé a un indio amigo mío, quien gradualmente lo condujo a un mejor punto de vista de la vida, y consintió en que su puñal se destruyese y enterrase, y por consiguiente, lo hice pedazos y lo enterré.

—¿Dónde? —preguntó con viveza nuestro joven, aparentemente interesado en desenterrarlo.

—En las afueras de Adyar —replicó el Pastor, sintiéndose seguro de que estaba fuera de su alcance; y concluyó en voz baja—. De todos modos, lo hubiera destruido aun cuando el fantasma no hubiera querido. Sin embargo, fue mejor para él haber consentido en ello.

En el Crepúsculo

—Los fantasmas de este mes —dijo el Erudito—, no son, a decir verdad, una agradable compañía. Seguramente podríamos encontrar algunas entidades astrales que gozaran de mejor reputación.

—Los astrales realmente útiles, son las más de las veces discípulos ocupados en el servicio, más que fantasmas ordinarios —contestó el Vagabundo—. En nuestra reunión del mes entrante debemos presentar casos de trabajos recientemente llevados a cabo en el plano astral.

Un unánime «¡De acuerdo!» terminó la reunión.

—Es interesante observar —dijo el Vagabundo cuando estuvieron reunidos los amigos alrededor del fuego en su conversación familiar de todos los meses—, cuán a menudo oímos referir historias de capitanes de barcos a quienes algún visitante misterioso ha despertado y ha inducido a cambiar de rumbo. Una vez viajé con un capitán que me relató algunas de sus propias experiencias, y entre ellas me contó una acerca de un hombre que penetró en su camarote vestido con un impermeable chorreando agua, y le había rogado que virase en cierta dirección a fin de salvar a unos náufragos. El capitán lo hizo así, y encontró una partida de marineros náufragos, y entre ellos uno en quien reconoció a su visitante.

La mejor y más típica historia de esta clase, es quizás la que tan bien cuenta Robert Dale Owen en su obra: «*Huellas en las fronteras del otro mundo*»; aquella en que el piloto vio a una persona extraña escribiendo en la pizarra del capitán esta orden lacónica: «Rumbo al noroeste». El capitán, al oír la narración del piloto y al leer aquellas palabras, decidió seguir la indicación, y al hacerlo, salvó a unos náufragos, entre los cuales el piloto reconoció al misterioso visitante.

Otra historia parecida, aunque difiere de un modo curioso en algunos detalles, apareció últimamente en uno de nuestros periódicos, y aun cuando no se llegó a comprobar, es bastante típica para tenerse en cuenta. Se titulaba: «Tripulación salvada por un fantasma»; pero este fantasma parece haber sido el alma de un hombre, que vivía en este mundo, revestida del cuerpo astral, como sucede normalmente durante el sueño.

Decía así: «Muchos son los incidentes extraños que suceden en el mar, pero ninguno supera al que le sucedió a Benner, capitán del bergantín *Mohawk*, pequeño buque destinado al comercio con las Indias Occidentales. Una vez partió de Saint Thomas, su último punto de escala, de regreso a su país, siguiendo rumbo nordeste; navegaba a poca vela con un fuerte viento y mar embravecido, resto de un huracán que había atravesado los trópicos cinco o seis días antes. El capitán, después de permanecer unas horas sobre cubierta, bajó a su camarote a medianoche, recomendando al oficial de guardia que mantuviese el rumbo que se seguía, y le llamase en caso de empeorar el tiempo. Se echó en un sofá, pero al dar las dos en el reloj del barco, le pareció distinguir, a la débil luz del camarote, la figura de un hombre con una especie de gabán verde.

Luego oyó estas palabras: "Capitán, cambie el rumbo al sudeste". El capitán Benner se levantó y subió a cubierta, en donde vio que el mal tiempo había amainado, y que el bergantín llevaba más velas y navegaba mejor. Preguntó al piloto de servicio para qué lo había mandado llamar, a lo que el oficial replicó que no había hecho tal cosa. El capitán, figurándose que había soñado, volvió a su camarote, pero pronto tuvo la segunda visita del hombre del gabán verde, quien le repitió su orden anterior y desapareció por la escalerilla. El capitán, que entonces estaba bien despierto, se levantó de un salto y corrió tras aquella figura, pero no vio a nadie hasta que encontró al piloto, quien insistió en que no había mandado a nadie abajo. Azorado y perplejo, el capitán Benner regresó al camarote y volvió a ver a su singular visitante, y le oyó repetir la orden de cambiar el rumbo al sudeste, y además con la advertencia siguiente: "Si no lo hacéis pronto, será demasiado tarde"; luego desapareció nuevamente. Subió a cubierta y dio las órdenes necesarias para cambiar el rumbo del buque al sudeste. Los oficiales del bergantín no sólo se sorprendieron, sino que se indignaron, y finalmente decidieron prender al capitán y encerrarlo; pero poco después del amanecer, el vigía anunció un objeto por la proa. Al aproximarse el buque, se vio que era un bote que contenía cuatro hombres echados debajo de los bancos, uno de los cuales llevaba un gabán verde. Púsose el *Mohawk* al pairo, echó un bote al agua y recogió a los náufragos. Estos resultaron ser el capitán y tres hombres, únicos supervivientes de la tripulación de un barco echado a pique por el huracán, y que habían estado vagando sobre las olas, sin alimento, durante cinco o seis días; el gabán verde pertenecía al capitán salvado. Pocos días después, este último había recobrado sus fuerzas, pudiendo dejar el lecho. Un día se hallaba en el camarote principal del bergantín con el capitán Benner, y repetidamente le preguntó si creía en los sueños. "Desde que estoy aquí —continuó—, he estado pensando cuán familiar me es este camarote; creo que he estado aquí antes. La noche anterior al día en que nos salvasteis, soñé que vine aquí a verle en este camarote, y le dije que cambiase su ruta al sudeste. La primera vez no me hizo usted caso, y vine por segunda vez, aunque en vano; pero a la tercera cambió usted su ruta, y al despertar vi su barco a nuestro lado." Entonces el capitán Benner, que había observado el parecido de su huésped con el misterioso visitante, le refirió lo que le había sucedido aquella noche.» En la mayor parte de estos casos —concluyó diciendo el Vagabundo—, el visitante es probablemente un discípulo de servicio en el plano astral, pero a veces, uno de los que se hallan en peligro es quien solicita el auxilio.

—Así es —dijo el Pastor—, pero sucede muy a menudo que los protectores invisibles ejercitados en nuestro círculo, buscan de este modo la ayuda física para los náufragos. Algunas veces basta un sueño muy vívido causado por el lanzamiento de una idea en la mente del capitán mientras está durmiendo, para inducirle a actuar; pues los marinos, por regla general, creen en lo «sobrenatural», como neciamente llama el vulgo a nuestra vida más amplia. El sueño, seguido de un rápido despertar de modo que produzca un ligero choque, basta muchas veces para producir el efecto deseado. Es posible también evitar un accidente que se considera próximo, tal como un incendio, un choque, etc., empleando el mismo método, o bien despertando repentinamente al capitán, hacerle sentirse inquieto y temeroso de tal accidente, de manera que suba a cubierta o registre cuidadosamente el buque, según el caso. De esta clase de trabajo mucho más pudiera hacerse con que sólo hubiera un número mayor de nuestros estudiantes que llevasen la vida que se requiere, con el fin de adquirir aptitudes para prestar servicios cuando el alma está fuera del cuerpo durante el sueño.

—Y este mismo trabajo constituye su propia recompensa —contestó el Vagabundo.

—La sorpresa que el cerebro etéreo nos suele dar en esta materia son cosa curiosa —observó el Erudito—. Muchas veces, por la mañana, me encuentro recordando los sucesos de la noche, como si yo mismo hubiera sido el héroe de la tragedia, en la cual tan sólo presté auxilio. Por ejemplo: la otra noche estaba haciendo todo lo posible, arriba en las montañas, en medio de una pelea, para evitar un accidente; y en el curso de mi trabajo tuve que ayudar a un soldado que traía un cañón y corría a todo escape por una pendiente, con peligro inminente de estrellarse; y luego en mi memoria, en estado de vigilia, me parecía que yo mismo había sido el conductor de los caballos. Me acuerdo que otra noche traté de arrastrar fuera del peligro a un hombre que trabajaba en un edificio en donde iba a ocurrir una terrible explosión y, no pudiendo apartarlo de allí, tuvo lugar dicha explosión y salí disparado con él por el aire; le expliqué tan pronto como estuvo desprendido de su cuerpo, que todo estaba perfectamente, y que no había por qué alarmarse: a la mañana siguiente, tuve la impresión de haber sido yo lanzado por la explosión, y aun cuando después de todo me hallaba sano y salvo, percibía perfectamente el olor del gas asfixiante y del lodo.

—En efecto: tenéis un modo especial de identificaros con quienes auxiliáis —dijo el Pastor—. Parece que una especie de simpatía os hace experimentar en aquellos momentos exactamente lo mismo que ellos, y al despertar, el cerebro mezcla la identificación de las entidades y se lo apropia todo.

—Bruno describía nuestra naturaleza inferior como si fuera un asno —observó el Vagabundo—, y realmente hay mucho del asno en el cuerpo que tenemos que usar aquí abajo; esto sin contar los atributos asnales del cuerpo astral, al menos mientras no se haya purificado por completo, y no se halle limitado a sus propias funciones de simple vehículo.

—Está muy bien hablar de socorrer a la gente librándola de peligros, pero muchas veces resulta esto muy difícil —exclamó en tono quejumbroso el Archivero, cuando los amigos se hubieron reunido bajo un grueso árbol en el jardín, donde por unánime acuerdo se habían citado para sus reuniones de verano—. Tuve la otra noche una curiosa experiencia en la cual, desesperanzado en mis intentos de impresionar el denso entendimiento humano, volví por último mi atención hacia unos camellos, logrando con ellos lo que no pude conseguir de sus dueños.

—Referidlo, referidlo —exclamó el joven ansiosamente—. Pocas veces oímos historias de animales, y sin embargo, deben sucederles muchas cosas, ¡que si pudieran saberse...!

—Resultado de los libros acerca de las selvas de Rudyard Kipling —murmuró el Pastor en voz baja—. Andaría buscando el lobo gris y la pantera negra en el plano astral.

—Bueno, ¿y por qué no? —dijo el muchacho maliciosamente—. Estoy seguro de que queréis más a algunos gatos que a ciertos hombres.

El Pastor se sonrió bondadosamente.

—Estábamos hablando de camellos y no de gatos, según creo. Los gatos son otra historia. Proseguid con la vuestra, Archivero —dijo.

—Es muy corta —contestó el aludido, levantando la vista desde su asiento en la hierba (al Archivero le gustaba sentarse en el suelo con las piernas cruzadas como un indio)—. Pasaba yo una vez por un paraje desierto, no sé en donde, y casualmente encontré una partida de gente que se había extraviado, y se hallaba en un terrible aprieto por falta de agua. La partida se componía de tres ingleses y una inglesa, con criados, conductores y camellos.

Yo sabía que si tomaban cierta dirección, de algún modo llegarían a un oasis con agua, y quise infundir esta idea en la mente de uno de ellos, pero tal era el estado de terror y desesperación en que se hallaban, que todos mis esfuerzos resultaron inútiles. Primeramente ensayé con la mujer, la cual rezaba como enloquecida; pero estaba demasiado fuera de sí para poderla impresionar: su mente era como un remolino, y no era posible hacer llegar a ella un pensamiento definido. «Sálvanos, Señor, ¡oh, Dios!, sálvanos», gritaba; pero no tenía la suficiente fe para calmar su mente y hacer posible que recibiese auxilio. Luego probé con los hombres, uno después de otro, pero los ingleses estaban demasiado ocupados haciendo las más desatinadas suposiciones, mientras que los conductores mahometanos estaban resignados al destino de un modo demasiado irracional para que mi pensamiento pudiera llamar su atención. Desesperado, intenté con los camellos, y con gran gozo mío conseguí impresionar a aquellos animales con la sensación de la existencia de agua en las cercanías. Empezaron a manifestar señales familiares a sus conductores como indicadoras de la próxima presencia de agua, y por fin conseguí que toda la caravana marchase en buena dirección. Ejemplo de la irracionalidad humana y de la receptividad animal.

—Las formas inferiores del psiquismo —observó sentenciosamente el Vagabundo— son más frecuentes en los animales y en los seres humanos muy poco inteligentes, que en los hombres de inteligencia. Parece que están relacionadas con el sistema simpático y no con el cerebroespinal. Las grandes células ganglionares, núcleos de este sistema, contienen una gran proporción de materia etérea y, por consiguiente, pueden ser más fácilmente afectadas por las vibraciones astrales ordinarias que las células en las cuales es menor la proporción. A medida que se desarrolla el sistema cerebroespinal y el cerebro se desarrolla en mayor grado, el sistema simpático se queda en segundo lugar, y la sensibilidad a las vibraciones psíquicas es dominada por las vibraciones más fuertes y activas del sistema nervioso superior. Es verdad que en un estado de evolución posterior vuelve a aparecer la sensibilidad psíquica, pero entonces se ha desarrollado en relación con los centros cerebroespinales, y se encuentra bajo el dominio de la voluntad; pero el sistema histérico y mal regulado, del cual vemos tan lamentables ejemplos, proviene del poco desarrollo del cerebro, sede del sistema nervioso, de la sensibilidad y de la mayor parte del sistema simpático.

—Ésa es una teoría ingeniosa y plausible —observó el Doctor—, que arroja bastante luz en muchos casos singulares y obscuros. ¿Es sólo una teoría, o está fundada en la observación?

—Es una teoría fundada en observaciones hasta ahora muy poco aceptadas —contestó el Vagabundo—. Las pocas observaciones que se han hecho, indican claramente esta explicación de la base física del psiquismo inferior y del superior, y concuerda con los hechos observados respecto de los sentidos astrales en los animales y seres humanos de intelectualidad inferior, así como también con las relaciones evolucionarias de los dos sistemas nerviosos. Tanto en la evolución de los seres vivos como en la del cuerpo físico, el sistema simpático precede al cerebroespinal en sus actividades, y se subordina a este último en un estado más desarrollado.

—Así es, sin duda, evolucionaria y fisiológicamente —replicó el Doctor de un modo reflexivo—; y puede ser verdad cuando se trata de las facultades astrales en relación con la base física a través de la cual se manifiestan aquí en la tierra.

—Hablar de los animales me recuerda a los espíritus de la naturaleza —dijo el Erudito—, los cuales son considerados a veces como los animales de la evolución dévica. La otra noche tuve una visita de algunos pequeños y alegres seres que parecían muy bien predispuestos. Uno de ellos era un elemental del agua, un ser húmedo precioso, pero me parece que lo asusté, porque ya no he podido volverlo a ver.

—Naturalmente, desconfían de los seres humanos —observó el Pastor—, por ser nosotros una raza tan destructora; pero no es difícil trabar amistosas relaciones con ellos.

—La bibliografía de la edad media está llena de historias acerca de los espíritus de la naturaleza —dijo el Abate, que se había aparecido allí aquella noche en una de sus raras visitas a Londres—. Los vemos de todas clases, hadas y duendes buenos y malignos, gnomos, ondinas, trasgos y seres de índole más tenebrosa que toman parte en toda suerte de horrores.

—Extraña idea —dijo el Vagabundo—, la que los representa como seres irresponsables, sin alma, pero capaces de adquirir la inmortalidad por mediación del hombre. Mi tía

En el Crepúsculo

me mandó hace poco una historia encantadora que relata la *Mitología teutónica* de Jacob Grimm, acerca de un espíritu del agua. Hablando de las ofrendas que les hacen los hombres, dice: «Aunque el Cristianismo prohíbe tales ofrendas y representaba a los antiguos espíritus del agua como seres diabólicos, la gente, sin embargo, conservaba cierto temor y reverencia hacia ellos, y en realidad no han abandonado aún toda creencia en su poder e inteligencia; los consideran seres impíos, pero que pueden algún día salvarse. A esta clase de sentimientos pertenece la leyenda conmovedora de que el espíritu del agua no sólo requiere una ofrenda para su instrucción en la música, sino una promesa de resurrección y redención. Dos muchachos jugaban al lado de una fuente en donde una ondina estaba sentada y tocando el arpa; los niños le dijeron: "Ondina, ¿por qué estás sentada ahí tocando? Tú no puedes salvarte". Entonces la ondina comenzó a llorar amargamente, arrojó el arpa y se hundió profundamente en el agua. Cuando los niños volvieron a su casa, refirieron a su padre, que era un sacerdote, lo que había sucedido. El padre dijo: "Habéis pecado contra la ondina; volved, consoladla y prometedle la redención". Cuando volvieron a la fuente, la ondina estaba sentada en la orilla llorando. Los niños le dijeron: "No llores así, ondina; nuestro padre nos ha dicho que *tu* Redentor también vive". Entonces la ondina cogió alegremente el arpa y tocó suaves armonías hasta bastante después de ponerse el sol». Éste es el cuento.

—Ése era un medio muy fácil de salvarla; generalmente se cree que hay que casarse con el espíritu —observó el Abate en tono lastimero, como si recordase alguna experiencia desagradable de la Edad Media—. Se tenía que aceptar aquí el purgatorio, a fin de alcanzar para la apesadumbrada ondina la entrada en el paraíso.

Una explosión de risa acogió esta exclamación patética, y la Marquesa dijo:

—Aún persisten algunas ideas de la Edad Media; en una carta que recibí el otro día, de Italia, se me hace el siguiente curioso relato: En una aldea, llamada Gerano, cerca de Tívoli, a unos 27 kilómetros de Roma, tienen por costumbre las nodrizas, especialmente en la víspera de San Juan, esparcir sal en el camino que conduce a sus casas, y colocar dos escobas nuevas en forma de cruz a la entrada de las mismas, pues creen que de esta manera protegen a los niños cristianos contra el poder de las brujas. Se cree que las brujas tienen que contar todos los granos de sal, y las cerdas de las escobas antes de entrar en las casas, y este trabajo deben concluirlo antes de la aurora, porque después ya son impotentes para causar mal alguno a los niños. En la Marca de Ancona, a orillas del Adriático, se considera necesario en todo tiempo —por lo menos así me lo refiere la portera de aquí, que es de aquel lugar—, donde hay niños de pecho, no dejar de tener jamás en la casa sal o levadura. Además, no deben dejar las ropas de los niños o las fajas a secar fuera, después de ponerse el sol; y si tuviesen necesidad de sacarlas fuera, pasada esta hora, deben tener mucho cuidado de llevarlas arrastrando junto a las casas, a la sombra de las cuevas, y si tienen que cruzar por algún sitio descubierto, hacerlo lo más pronto posible. Estas precauciones se toman igualmente contra las brujas. También me contó la portera que un día su madre, después de lavar y fajar a un hermanito suyo, lo puso en la cama y salió de casa un momento, para hacer un encargo en la tienda próxima. Al volver encontró la puerta de la casa abierta y al ir a la cama la halló vacía. Esto no la alarmó en un principio, porque pensó que alguna vecina habría oído llorar al niño y se lo habría llevado a su casa. Pero al hacer las averiguaciones pertinentes, nadie lo había visto ni oído llorar, y esto la alarmó y empezó a buscarlo. Después de cierto tiempo, la madre, al cerrar la puerta, encontró al niño en el suelo, boca abajo, casi amoratado de asfixia; podéis imaginar su consternación. El hecho fue atribuido a las brujas, y la hermana dice que durante toda su vida, que terminó por consunción cuando tenía veintisiete años, fue siempre desgraciada.

—¡Pobres brujas! Han sido el blanco de la ignorancia y el temor humano desde tiempo inmemorial —contestó el Doctor—. Es una suerte que muchos de nuestros magnetizadores y médiums hayan vivido en el siglo XIX; pero es muy posible que veamos la desvelación de la brujería moderna si se llegan a conocer las fuerzas ocultas y se usa alguna de ellas perversamente.

Aquí tenemos un notable relato que me envía de Inglaterra uno de nuestros miembros —dijo el Vagabundo—. Las personas me son muy conocidas; alteraré únicamente sus nombres.

«Habiéndose ido a vivir mi hermano a Londres en diciembre de 1890, determiné tratar de comprobar si era posible impresionarle a través de la telepatía. Habíamos previamente realizado, durante cierto tiempo, experimentos relacionados con el hipnotismo; por lo que me figuré que si en la telepatía, entonces objeto de especial atención, existía una base positiva para creer en ella, su posibilidad debía ser fácilmente demostrada por nosotros a causa de la estrecha relación que nos unía. Por consiguiente, me puse a la obra de llegar hasta él desde la ciudad en que me hallaba, a 182 kilómetros de Londres. Me senté en una silla frente a un espejo negro, cóncavo, en mi dormitorio, procurando formar mentalmente su retrato.

»Él me había dicho que si lograba hacerle mover o ejecutar alguna cosa cuando la visión mental fuese perfecta, estaría con él entonces en relación suficiente para hacerle recordar cualquier mensaje que deseara transmitirle. Así pues, permanecí en aquella actitud hasta que pude verle tan claramente con el ojo mental como pudiera hacerlo físicamente por medio del sentido óptico. Cuando así logré su visión le ordené mentalmente volver la cabeza y mirar hacia mí, lo cual hizo; acto seguido le mandé alzar el brazo derecho y coger su reloj de bolsillo, obedeciendo igualmente.

»En ese momento aconteció algo particular. Aunque le veía a él, no podía ver el reloj que supuse tenía en la mano. Imaginé que podría verlo si fuera capaz de ocupar su posición; de modo que, deslizándome hasta su lugar, miré a través de sus ojos y vi entonces el reloj.

»Tan pronto como vi la hora, las ocho menos diez minutos, desapareció de mi vista y recobré de nuevo la conciencia vigílica, hallándome fatigadísimo por el sostenido esfuerzo mental; y aunque conservaba en la memoria los acontecimientos con toda nitidez, era preciso admitir que no tenía ninguna prueba decisiva de nuestro contacto directo. Se me ocurrió pensar si no seria únicamente obra de mi imaginación, pese a la íntima convicción de que en realidad le había impresionado. Me había sentado allí a las siete, ya eran las ocho menos diez minutos y prácticamente no había hecho nada.

»Me sentía defraudado y fastidiado en mi propósito; pero aquella noche, antes de retirarme a dormir, decidí hacer otra prueba pensando que tal vez durante el sueño podría ejecutar lo que deseaba con mayor facilidad que por el método que acababa de poner en práctica. Me acosté a eso de las nueve y media, pero no de la manera usual. Por alguna razón, esta vez había colocado la almohada a los pies de la cama, acostándome boca abajo, con los brazos extendidos, formando ángulos rectos con el cuerpo y la barba apoyada sobre la almohada. Había permanecido escasamente un minuto en esta postura, recordando el cuadro que había visto de mi hermano, cuando de repente sentí un estremecimiento de intensa energía eléctrica subir por mi columna vertebral terminando en una punzada en el centro de la cabeza. No puedo afirmar si aquello era frío o calor, pero sí que era extremadamente doloroso. Enseguida pareció estallarme la cabeza y yo me sentí de pie en el cuarto frente a una luminosa mole dorada, en medio de la cual había un reloj, de escape suizo, muy plano, con caja de plata, sin tapa, grabado el dorso, y con tres abolladuras. El reloj era de plata, con números y manecillas ornamentados en oro. Supe instintivamente que era el reloj de mi hermano, y asimismo, que si deseaba saber más del asunto, todo se me revelaría tan sólo con fijar mi atención en él.

»Observándolo noté que el reloj marcaba las ocho menos diez minutos, y volviendo inmediatamente a mi cuerpo, desperté e invertí mi posición, acostándome para dormir. Cuando me desperté por la mañana y eché mano bajo la almohada para coger mi reloj, no me sorprendió ver que también indicaba las "ocho menos diez". A muchas personas les sucede que si se acuestan pensando en la hora a la que han de levantarse, despiertan invariablemente en ese preciso minuto. Me lavé la cara y me vestí apresuradamente, yéndome enseguida al comedor. Mi otro hermano James, que estaba allí desayunando, al verme entrar exclamó:

»—¡Hola, Ned! ¿Qué te pasa? ¿No has dormido? Estás demacrado —pero en vez de responder, le dirigí estas preguntas:

»—¿Tiene John un reloj suizo, de escape, con caja de plata grabada, tres abolladuras y números ornados en oro?

»Al referirle cada uno de estos detalles, me miraba aún más sorprendido, y al fin respondió:

»—Sí, pero tú no has visto nunca este reloj. Yo se lo envié hace unos quince días.

»Unas tres semanas más tarde, recibí carta de mi hermano John, en la cual me avisaba que venía a vernos y me pedía que fuera a esperarlo a la estación, pero sin indicarme la hora de llegada. Sin embargo, fui al tren en que me pareció más probable que viniera.

»Pronto le vi descender (él me vio a mí al mismo tiempo) y esperé a que viniera. Tan pronto como se me acercó, nos estrechamos las manos exclamando ambos en el mismo instante: "Las ocho menos diez". Debo hacer notar que no nos habíamos escrito respecto al objeto de nuestra experiencia, pero es evidente, según nuestras exclamaciones, que los dos estábamos igualmente seguros de que el otro lo sabía todo.»

—Este relato del firmante cuando estaba tendido en la cama, demuestra —añadió el Vagabundo— que es algo más que un simple caso de telepatía. Su agudo dolor, la explosión percibida y el estado posterior, prueban que se alejó de su cuerpo con entera conciencia. Es una verdadera lástima que su mente se hubiese concentrado en un asunto tan baladí.

—Las experiencias casuales que no son el resultado directo de la educación y que a nada de particular conducen, no dejan de ser comunes —indica el Pastor—. Aquí hay una carta que escribe de Inglaterra una enfermera de un asilo para convalecientes, en la cual se refiere una de estas experiencias:

«El verano pasado (1908) me aconteció un caso extraño. Teníamos en W... una paciente —la enfermera K—, que estaba muy grave; creo que era muy sensitiva, o mejor dicho, muy rara.

»El día de su llegada me dijo: "Usted es teósofa"; "¿Cómo lo sabe usted?" —le pregunté—. Me explicó que lo veía directamente en mí. Unos días después me preguntó: "¿Se cansa usted, o le molesta bajar por las noches a mi lado? Porque si es así, no la haré venir, aunque es para mí un gran alivio que usted esté aquí". Le dije que nunca había bajado por la noche a su lado, pero ella insistía en que siempre que sentía mucho dolor y quería verme, yo me acercaba a cogerle la mano hasta que mejoraba. Desde entonces, me dijo que había ido muchas veces por la noche a confortarla; y después de irse, me escribió diciendo que una noche en que deseaba que estuviera con ella, me aparecí, la besé y le cogí la mano. "Aquella vez —me dijo— llevaba usted un vestido que no conocía y no me gusta." Después de esto regresó muy pronto y yo la recibí en la puerta, llevando puesto aquel mismo vestido que ella no había visto antes.»

—Estas experiencias —dijo el Vagabundo—, están naturalmente haciéndose más comunes a medida que la humanidad penetra en la región fronteriza, en proporción siempre creciente. Es de la más imperiosa necesidad divulgar sólidos conocimientos sobre estos asuntos, a fin de evitar lo máximo posible los peligros que la ignorancia y el temor llevan aparejados.

El relato que sigue nos lo envió un corresponsal digno de crédito —dijo el Vagabundo—, y dice así:

—En Melbourne (Australia) vive una niña de cuatro años de edad, la cual refiere reiteradamente a aquellos de sus amigos que le merecen confianza, la experiencia siguiente:

«Antes, cuando yo era más crecida, tenía otra madre muy distinta de la que ahora tengo. Yo tenía que ir a la escuela todos los días; el maestro era muy cruel conmigo, me azotaba muy a menudo. Cuando yo había crecido mucho más todavía, un día me arrebataron a mi madre y todos corrimos hasta un gran buque. Allí fui capturada por un grupo de soldados que nos encontró y me fusilaron, en tanto que uno me gritaba: "Vete al diablo".»

Al preguntar si aquello había sucedido en Melbourne, se obtuvo esta respuesta: «No, en los Estados Unidos».

Cuando la niña refiere esta experiencia, nunca altera ni el más leve detalle; tiene su cabecita llena de otros muchos incidentes de aquella época, pero rehúsa hablar de ellos casi siempre. Algunos de nuestros miembros se entrevistaron con los actuales padres carnales de la niña, quienes no habían oído hablar nunca de la reencarnación y tenían la certeza de que todo ello no era más que obra de la imaginación de su hija; sin embargo, se veían perplejos al considerar la procedencia de aquellas ideas de la chiquilla, pues ésta casi siempre estuvo aislada con ellos en el campo, sin relacionarse con otras gentes, ni aun con los niños de su edad. La chica está muy poco desarrollada con respecto a sus años, a pesar de lo cual su mirada tiene la expresión de una persona de edad madura. Siento tener que agregar que su existencia presente probablemente será muy corta.

Aquí tenemos otro relato de un hermano teósofo, cuya abnegación deberá servir de ejemplo, y al mismo tiempo, su historia es un bello crepúsculo; dice el Pastor:

«Dos jóvenes camaradas, de veintiocho y treinta años de edad respectivamente, iban juntos de paseo durante la tarde del 24 de julio de 1910. De repente, uno de ellos percibió un olor especial que le indujo a preguntar a su compañero: "¿No notas un olor desagradable?", a lo que respondió el otro con un sencillo "no". Dos o tres minutos después, el olor había desaparecido. Al día siguiente, los dos amigos daban un paseo como lo hacían habitualmente, cuando a la misma hora (5.45 de la tarde aproximadamente), aunque algo distantes del lugar donde la tarde anterior había sucedido aquél fenómeno, el mismo joven percibió igual olor que la víspera. Éste se detuvo al instante, procurando, en actitud positiva, hacer un reconocimiento a su alrededor. Sus ojos físicos nada pudieron ver, pero se dio cuenta por algún medio de que a dos o tres metros de distancia, había una entidad maligna. Miraba él fijamente en aquella dirección, cuando recibió esta especie de mensaje mental de la entidad: "¿Regreso hacia quien me envía?" Pero aquél era miembro de la S. T., y consideró que sería poco teosófico permitir que una forma inferior de pensamiento retornase a quien la había emitido.

»Recordando a su Gurudeva, respondió mentalmente: "No, no regreses, descarga tu fuerza sobre mí". Apenas hubo dicho esto, sintió que sobre su cabeza descendía algo tenebroso que se le iba extendiendo por todo el cuerpo, dejándole exhausto. Su debilidad apenas le permitía seguir caminando, pero se esforzó en proseguir, a fin de que su amigo no comenzara a preocuparse por tan repentina indisposición. No obstante, desde el instante en que la maligna entidad tomó posesión de su cuerpo, él no cesó de meditar sobre la unidad de todos los seres, enviando pensamientos de amor a aquella entidad. A los pocos minutos sintió que ésta descendía poco a poco por su cuerpo, recuperando completamente su vigor en unos quince minutos.

»Durante todo este tiempo no había dirigido la palabra a su amigo. Pero una vez recobrado su estado normal, le preguntó si no había sentido algo extraño durante su silencio. El amigo repuso: "Sentí únicamente una ligera debilidad, nada más".

»Desde aquel día, aun cuando ha pasado frecuentemente por el mismo lugar, nuestro hombre jamás percibió más olores de aquella especie.»

—A menudo se oye decir —indicó la Marquesa— que las personas agonizantes se aparecen a los amigos ausentes.

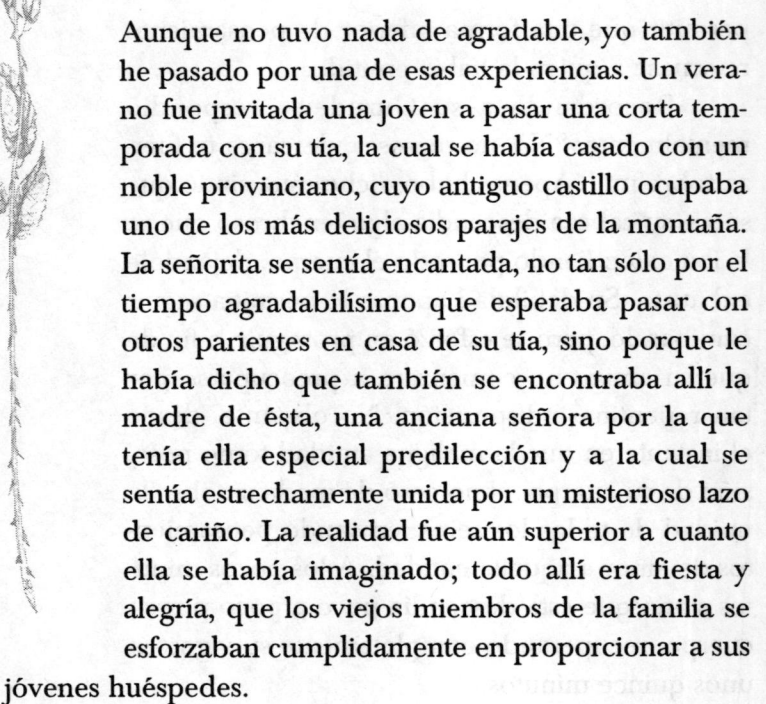

Aunque no tuvo nada de agradable, yo también he pasado por una de esas experiencias. Un verano fue invitada una joven a pasar una corta temporada con su tía, la cual se había casado con un noble provinciano, cuyo antiguo castillo ocupaba uno de los más deliciosos parajes de la montaña. La señorita se sentía encantada, no tan sólo por el tiempo agradabilísimo que esperaba pasar con otros parientes en casa de su tía, sino porque le había dicho que también se encontraba allí la madre de ésta, una anciana señora por la que tenía ella especial predilección y a la cual se sentía estrechamente unida por un misterioso lazo de cariño. La realidad fue aún superior a cuanto ella se había imaginado; todo allí era fiesta y alegría, que los viejos miembros de la familia se esforzaban cumplidamente en proporcionar a sus jóvenes huéspedes.

Así fueron pasando los días, hasta que el deber llamó a la joven a su hogar paterno. Sólo de vez en cuando recibía noticias escritas de sus parientes de la montaña, alegrándose al saber que la mamá de su tía gozaba de buena salud. Entretanto llegó el invierno. Y la propia muchacha escribe: «Desperté una mañana antes del alba. Desde la alcoba de mi madre, la luz opaca de una lámpara iluminaba apenas mi habitación a través de la puerta entornada. Me parecía demasiado temprano para levantarme, y de nuevo me quedé dormida. Mas, ¿qué era aquello? Envuelta en el vestido lila pálido que tan a menudo llevara en aquellos días felices del verano, mi anciana tía sale del cuarto de mi madre en dirección hacia donde yo me encontraba. Acercándose a mi cama, se inclina sobre mí y me abraza, apretándome cada vez más. No podía respirar, experimentando una dolorosa agonía». La lucha prosiguió de este modo hasta que, pasado algún tiempo, la aparición se desvaneció y la muchacha pudo respirar.

En aquel instante sonaron las seis. Era la mañana de un viernes. A los pocos días se recibió la noticia de que la anciana había muerto el mismo viernes a las seis de la mañana. ¿Fue la anciana en su cuerpo astral a visitar a la muchacha, o es que ésta se había transportado en el suyo y estaba ante el lecho mortuorio de su tía?

—Probablemente la anciana fue a hacer la visita —dijo el Vagabundo—, pero en estado semiconsciente; consciente de su amor por la joven, e inconsciente de que su manifestación era tan poco agradable. Lo más probable también es que la muchacha tuviera miedo y el susto le hizo sentir aquella especie de asfixia.

La experiencia que voy a leer —dijo el Pastor— me la envió una corresponsal, pero no la veo clara. Dice así:

«Al comienzo de la guerra ruso-japonesa, tenía yo a mi servicio, en calidad de criado, a un japonés que desconocía por completo la lengua inglesa. Diariamente, tan pronto como terminaba sus quehaceres, me traía los periódicos pronunciando siempre el mismo estribillo, en el cual quedaba comprendido todo su inglés: "Madame, ¿Japón-

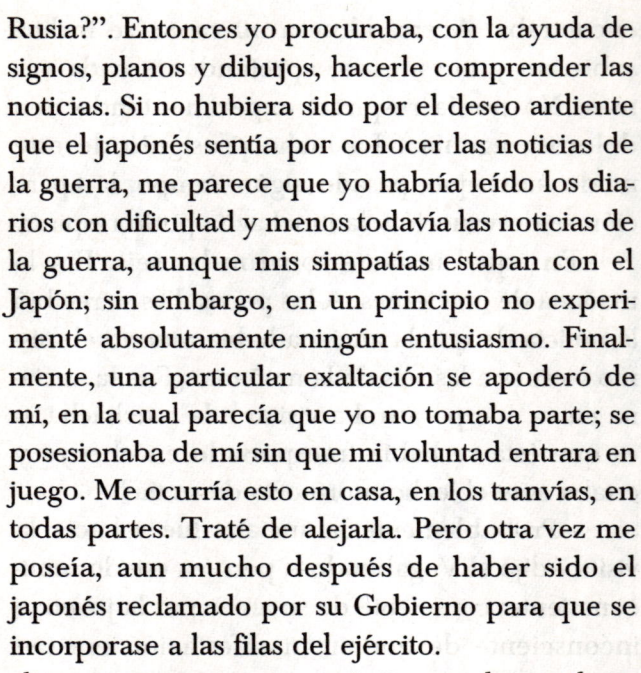

Rusia?". Entonces yo procuraba, con la ayuda de signos, planos y dibujos, hacerle comprender las noticias. Si no hubiera sido por el deseo ardiente que el japonés sentía por conocer las noticias de la guerra, me parece que yo habría leído los diarios con dificultad y menos todavía las noticias de la guerra, aunque mis simpatías estaban con el Japón; sin embargo, en un principio no experimenté absolutamente ningún entusiasmo. Finalmente, una particular exaltación se apoderó de mí, en la cual parecía que yo no tomaba parte; se posesionaba de mí sin que mi voluntad entrara en juego. Me ocurría esto en casa, en los tranvías, en todas partes. Traté de alejarla. Pero otra vez me poseía, aun mucho después de haber sido el japonés reclamado por su Gobierno para que se incorporase a las filas del ejército.

»En algunas ocasiones, me sentía jinete sobre un brioso corcel que piafaba impetuosamente y saltaba salvando todas las dificultades, arengando grandes ejércitos e inspirándoles el avance y la persecución del enemigo. Mi noble caballo blanco tan pronto acometía como se escapaba, pues sabía tan bien como yo que por el momento éramos la energía centrípeta y el poder de donde los grandes ejércitos sacaban su entusiasmo. Pretendí, con todas mis fuerzas, alejar esto de mí y tuve éxito, pero tan sólo durante muy poco tiempo, pues casi inmediatamente me hallé otra vez cabalgando soberbiamente a lomos del maravilloso corcel, cruzando el espacio, saltando en ocasiones por encima de los grandes ejércitos, que yo podía conducir indemne. Entonces, no sólo podía yo prever los peligros, sino que también poseía la facultad de salvar a los soldados. Este entusiasmo extraordinario invadía gozosamente todo mi ser.

»Este fenómeno duró, en todo su vigor, unos cuatro meses consecutivos, terminando hacia la mitad de la guerra, fecha a partir de la cual no volvió a repetirse. Mientras duraba aquel estado, conservaba siempre mi conciencia ordinaria, pero estaba absorbida por el fenómeno que ocurría. En apariencia, yo me encontraba allí, cabalgando a la cabeza del ejército, llevando inspiración a las filas japonesas y a menudo el terror y espanto a los rusos, cuando éstos me veían a caballo en el aire, pues los vi agacharse y mirar hacia atrás muchas veces. No hallo la explicación que esta experiencia puede tener, pero sí sé que ocupó todo mi ser durante bastante tiempo; no soy, estoy convencida de no ser otra Juana de Arco.»

—¿No cree usted —dijo el Vagabundo— que ese *peculiar entusiasmo* lo explicó todo? Sabéis cuán frecuentemente hallamos en el mundo astral novicios que se identifican con las personas a las cuales tratan de ayudar, siendo lanzados al espacio en una explosión; y así, inflamada por el entusiasmo de su criado japonés, se inclinó hacia el lado del Japón, y muy probablemente se asoció con algún jefe de caballería.

A propósito, yo tuve una rara experiencia en aquella misma guerra. Al despertar una mañana, después de haber estado ayudando a los nuestros en una gran batalla, oí —*ya despierto*— el estruendo de los cañones, las voces de mando, los quejidos, gritos y demás ruidos que tan horriblemente se producen en un campo de batalla. Todo ese intolerable tumulto estaba sonando a mi alrededor.

—Deberíais estar medio dentro y medio fuera de vuestro cuerpo —replicó el Pastor—, pero, en todo caso, tan clara percepción prolongada hasta la conciencia ordinaria, no es común.

—Aquí tengo un notable ejemplo —dijo el Banquero— de cómo un pensamiento vigoroso puede salvar distancias, y aunque sea por un solo instante, extender la consciencia hasta ver y conocer un lugar determinado, sin haberlo visitado previamente.

Hace varios años, celebrábamos en mi casa una pequeña reunión de teósofos, con el fin de despedir el año viejo y dar al nuevo la acostumbrada bienvenida, enviando pensamientos de amor a todos nuestros hermanos. Cuando las visitas se retiraron, nos recogimos los de casa, yo seguí meditando en la cama en torno a los pensamientos emitidos, en relación con nuestra velada y con la despedida e inauguración del año. Antes de dormir tuve el deseo de enviar un pensamiento de felicidad y devoción a la señora Besant, e indiqué a mi esposa que así lo iba a hacer. Cerrando los ojos, comencé a pensar en la señora Besant. Casi inmediatamente me pareció estar frente a una puerta de cristales, separada de mí por dos o tres escalones ascendentes. Me acerqué y observé el interior. Parecía ser muy de mañana —al salir el sol o momentos después—. Ante mi vista se ofreció una larga habitación, cuyo extremo opuesto no podía distinguirse claramente por la escasa luz. A corta distancia, frente a mí y un poco a la derecha, había un pupitre con cartas y papeles diversos colocado sobre una tarima. En la habitación no se veían sillas, y el piso parecía recubierto con tiras de bambú o esterado japonés, en toda su extensión, con una alfombra o estera cerca de la tarima. Esto, que tanto tiempo tardo en describir, fue una visión momentánea, pues enseguida vi que a lo lejos, por el lado opuesto, descendía la señora Besant hacia el lugar en que yo me encontraba. Vestía su acostumbrado atuendo de color crema. Se acercó a la mesilla, se caló las gafas y con la mano izquierda tomó algunos papeles que estaban sobre el pupitre. Se disponía a examinarlos cuando, al parecer, advirtió mi proximidad tras la puerta de cristales. Inmediatamente me miró por encima de sus gafas a la vez que su rostro, surgiendo del fondo de un telescopio, parecía venir hacia mí directamente, agrandándose por momentos a medida que se iba aproximando, hasta que, asumiendo una proporción gigantesca, sentí temor de chocar con ella, lo cual me obligó a retroceder violentamente. Sin embargo, no estaba durmiendo, sino abstraído en mis pensamientos. Enseguida describí a mi esposa, a quien había expresado que iba a pensar en la señora Besant, todos los pormenores de la experiencia, conforme quedan expuestos, agregando: «Ya ves, esto parece tener bien poco de real; pues *acaban* de dar las dos de la madrugada y no obstante, me parecía que allí ya había salido el sol». Pasados unos instantes ella me respondió: «¡Ah! pero, ¿cuál es la diferencia de meridiano entre la India y nosotros? ¿No será ya de día allí?» Esta advertencia me hizo pensar en que bien podría ser así, pues Italia está aproximadamente una hora al Este de Greenwich e India a unas cinco horas o cinco y media; así pues, la hora correspondiente a mi pensamiento en la señora Besant, sería, en números redondos, las 6.30 de la mañana en la India.

Esto hizo la cuestión mucho más interesante. Anoté el suceso en mi diario y me decidí a esperar la comprobación por mí mismo, sobre todo para saber si semejante habitación existía. Por entonces, no tenía yo idea respecto al lugar en donde la señora Besant se encontraba, ni veía posibilidad alguna de comprobación inmediata para mi experiencia, pues llevaba tan sólo dos o tres años en la Sociedad. Al venir el año pasado por primera vez a Adyar, se avivó en mi mente el pensamiento del suceso a medida que me iba aproximando a las habitaciones de la señora Besant, en la Sede Central, quedándome sumamente desconcertado al comprobar que aquellas habitaciones en nada se parecían a la que yo había visto algunos años atrás. Es verdad que había una tarima con un pupitre encima, pero esta habitación era más cuadrada, distintas las ventanas y no había allí ningún peldaño que condujera al sitio que yo había estado observando. Absolutamente nada coincidía con mis datos de la habitación observada. De modo que suspendí mis investigaciones. Más tarde se me ocurrió que podría haber tenido lugar en Benarés; quizás en Shánti Kuñja. Mas como no tuve la oportunidad de visitar aquella ciudad el año pasado, regresé a Europa sin poder comprobar en modo alguno mi visión.

EN EL CREPÚSCULO

Sin embargo, este año las circunstancias me llevaron a Benarés. Y al acercarme allá, otra vez surgió en mi mente la referida habitación. Esto sucedió en un coche muy de madrugada antes de salir el sol, acompañado por bondadosos amigos al acercarnos a Shánti Kuñja, residencia de la señora Besant. En la primera habitación que entramos —aún no había clareado del todo el día— había una ancha tarima como la descrita, pero ¡ay!, ésta no era la estancia esperada; su forma y sus proporciones en nada coincidían, todo era distinto. Sin saber por qué, concluí por aceptar que aquélla era la habitación de la señora Besant; y sin embargo, de nuevo la realidad física se interponía para querer demostrar que la transitoria visión había sido errónea; era, pues, inútil molestarse más. Sin embargo, mientras yo así pensaba, íbamos descendiendo a través de otra habitación; mas en parte por ser todavía muy de mañana y estar sólo alumbrada por la luz de una linterna, y por otra parte a causa de la poca luz que penetraba por sus ventanas cerradas, no pude distinguir los detalles.

Aunque me parecía familiar, después de los chascos sufridos, preferí no pensar más en el asunto, y sin más averiguaciones salí inmediatamente a la galería. Nos hicimos servir allí el desayuno, en tanto que el sol iba lentamente alzándose sobre el horizonte. Abandonando mi asiento, me fui a mirar el interior de aquella estancia por una de las ventanas que daban al corredor —*y allí estaba mi habitación tanto tiempo buscada con todos sus detalles, tal cual yo la había visto.*

Son las primeras horas de la mañana; a mi espalda, los escalones que conducen a la galería; yo estoy en ella de pie tras la ventana, la cual, debido a la madera con la que está construida, bien pude describirla como «puerta de cristales». Ante mí se extiende una estrecha habitación escasamente alumbrada, con la tarima y el pupitre con papeles un poco hacia la derecha. En el exterior, el sol iluminaba la mañana. Sólo faltaba la señora Besant descendiendo y mirándome por encima de sus gafas. Mas ella se encontraba entonces en Birmania, por lo que esta parte de la prueba no pudo realizarse.

Pregunté de inmediato quién habitaba allí, y mi acompañante me informó que aquél era el apartamento de la señora Besant, ocupado a la sazón por el señor Arundale, en tanto que en el suyo se llevaban a cabo algunas reparaciones.

—Como testimonio auténtico de videncia mental a miles de kilómetros de distancia, de un lugar para mí desconocido, me parece que lo que antecede tiene muchos detalles dignos de mención.

—Ciertamente que los tiene —dijo el Vagabundo—, pues sería difícil, aun para un investigador de psiquismo, atribuir a la telepatía el cuadro de una habitación que usted desconocía, cuando quizá la señora Besant no pensaba en usted. Puede registrarse como una valiosa prueba.

ÍNDICE

Un libro excepcional		5
Prólogo del traductor		7
I. Universal creencia en ellos		9
II. Algunos ejemplos modernos		21
III. Experiencia personal		31
IV. Los protectores		37
V. Realidad de la vida suprafísica		47
VI. Intervención oportuna		51
VII. Historia de un ángel		55
VIII. Historia de un incendio		63
IX. Materialización y repercusión		69
X. Los dos hermanos		75
XI. Evitando un suicidio		85
XII. El niño perdido		89
XIII. Historia de Ivy		95
XIV. Típicos casos ordinarios		103

XV. Naufragios y catástrofes 111
XVI. La acción entre los muertos 117
XVII. La obra en la guerra 133
XVIII. Otros aspectos de la tarea 153
XIX. Cualidades necesarias... 159
XX. El sendero probatorio... 169
XXI. El sendero propiamente dicho.. 179
XXII. Más allá.. 189
Los ángeles custodios y otros protectores invisibles 195
En el crepúsculo 221